教養としての心理学講座

若林明雄 著

有斐閣

目　次

Lecture 2 心理学の歴史と展開   33
科学的心理学への道

Lecture 8　個人差と知能　　　　　　　　　　141

環境に適応するための方略

Lecture 11　社会的行動　　　　　205

他者や集団の影響

Lecture 12　心理的適応と不適応　　　　231
「普通」と「変」のあいまいな境界

★ウェブサポートページ：本書での学習をサポートする資料（Web 限定コラム等）を提供します。
http://www.yuhikaku.co.jp/books/detail/9784641174795

イラスト　嶋田 典彦

Lecture 0

この本を手に取った人に

Orientation

　「心理学」ということばは，テレビや雑誌など，メディアに登場することも多く，そのイメージをなんとなくもっている人が多いのではないかと思います。たとえば，

- ・心理学を学ぶと，人の心が読めるようになる
- ・心理学を学ぶと，自分探しのヒントがみつかる
- ・心理学で，悩んでいる人を救うことができる

　一方，次のようなネガティブなイメージもあるかもしれません。

- ・心理学は，占いの仲間のようで，うさんくさい
- ・もっともらしいことを言っているが，社会的な常識と同じことを言っているにすぎない
- ・心理学は，後づけの説明にすぎない

　これらのイメージは，そのままで正しいとはいえませんが，一方で，すべて心理学のある一面をとらえているということもできます。心理学と一言でいっても，このことばには，誰もが日常的に経験し

ている「人間の心」について考えることを意味する「日常知としての心理学」と，科学の一分野として研究され，大学のカリキュラムとしても用意されている「実証科学としての心理学」という2つの意味があり，その内容には，かなりの違いがあるからです。

1 日常知・経験知としての「心理学」

　日本語で「心理学」と訳されている単語の元の英語は psychology ですが，英語でも，日常的にこのような2つの意味で使われています。たとえば，世界的に有名な推理作家アガサ・クリスティの作品に登場する名探偵エルキュール・ポワロは，映画化やテレビドラマ化もされているので知っている人も多いと思いますが，作品のなかで「私は心理学が得意なのです」とか「真犯人が誰かは，心理学を使えばつきとめることができます」などと，たびたび言っています（クリスティの公式ウェブサイトにも「ポワロは心理学を使用する……」と紹介されています）。これは，ポワロが大学で心理学を学んでいた経歴があるということではなく，彼が日常知・経験知としての「心理学」を熟知しているという意味であり，人の行動と，その背後にある欲求・意図・動機などの関連性を正確に推論できることをさしています。このような他者の欲求や動機などといった心理的（内的）要因と，それによる行動の関係を因果的に理解することは，誰でも多かれ少なかれ日常的に行っていることで，人間は誰でも心理学を理解し使っているということになります。その意味では，「人は誰でも心理学者である」ということができ，この点が，心理学は「人の心を読む」ことを学ぶというイメージにつながっています。

2 科学の一分野としての心理学

　一方，大学で学び，研究されている「心理学」は（それは，この本のなかで紹介している心理学の内容ですが），実証科学としての心理学です。大学で心理学を専攻しても，今よりも人の心を正確に読めるようになるとは限りませんし，心理学のカリキュラムのなかには，人の心を読む練習もでてきません。もし心理学を学ぶことで人の心が読めるようになるのであれば，心理学者は社会的に成功できる（少なくとも，他者との駆け引きで有利になる）はずですが，実際にはそのようなことはありません。しかし，科学としての心理学では，他者の心を読む訓練はでてきませんし，その能力が向上することはありませんが，本書のなかで説明しているように，他者の言動を手がかりに心を読む（マインドリーディング）という認知的な過程（どのような作業を頭のなかでやっているのか）については，「心の理論」という実証的研究のテーマとして扱っています（➡ Lecture 1, Lecture 3, lecture 10 など）。

　「心を読む（マインドリーディング）」というと，怪しげに聞こえますが，私たちは日常的に他者の心を読んでいます。たとえば，書店で小学生が棚の高いところに置かれた本に手を伸ばしているのを見かけたら「高い場所にある本を取りたいんだな」と思って，親切な人なら「どの本が見たいの？」と声をかけて，取ってあげるでしょう。このとき「子どもが手を伸ばしている」という行動から「手を伸ばしている先のもの（本）が欲しいと思っている」だろうと，その子の欲求という心の状態を推測していることになります。これが日常的な「心を読む」ことですが，実際には，欲求や感情といった人の心の状態は，ストレートに行動に表れるとは限らないので，い

つも簡単に理解できるとは限りません。

3　うそ，冗談，皮肉の理解にも
「マインドリーディング」が必要

　「うそ」や「冗談」「皮肉」などは，言語的なコミュニケーションにおいて日常的なものですが，その理解にもマインドリーディングが前提になっています。

　「うそ」の場合，発話者は内容が「真実でない」ことを知っていて，相手には内容が「真実である」と信じてもらうことが必要です。つまり，うその内容についての「自分の知識」と「相手の知識」を区別することが前提になります。

　一方，「冗談」の場合には，言う側も，聞く相手も，発話内容と事実が異なることを知っていることが必要です。そして「皮肉」の場合では，言う側は発話内容と相手に伝えたい意味が違うことを知っており，相手もことばを字義どおりに受け取らないことが必要になります。冗談や皮肉は，言語の意味論や統語論（文法）による基本的な言語理解だけでは，正しく使用・理解することはできません（自動翻訳では，冗談は適切に訳せないことがあります）。冗談や皮肉を真に受け（額面どおりに理解し）たりすることがあるのは，言語を理解するときに発話者の心的状態の理解が適切にできていないためなのです。

　人間は成長するにつれて，冗談や皮肉を適切に理解するようになりますが，これは心の理論の発達と関係していると考えられています。しかし，同じくらいの年齢でも，冗談や皮肉をよく理解できる人と，冗談を真に受けたり皮肉が通じない人がいるというように個人差もみられます。これは「愚直」とか「素直」といった性格の問

題よりも，心の理論のような社会的認知能力にも個人差があること
を示していると考えられています。

4 日常知・経験知としての問題を，
科学として明らかにする

　大学で学ぶ，そして研究されている心理学は，実証的な科学とし
ての心理学であり，方法論的には，生物学や工学などの理系の学問
と共通した科学の一分野です。主として人間の思考や感情のような
心的過程を含む広義の行動について，実験や検査などの方法を使っ
て調べることを目的としています。

　たとえば，はじめにふれた「心を読む」ということについては
「心の理論」という概念として研究されています（⇒ Lecture 1）。心
の理論とは，他者の行動の原因となる心的状態を推論する能力のこ
とですが，ここで重要な点は，**他者の行動は，他者の頭のなか（知
識や欲求）にもとづいて理解すること**が重要で，客観的事実から理
解することではないということです。他者の頭のなかのこと（思い
込みや知識・記憶・感情など）は，直接確認することはできません。
しかし，人は一般的に，さまざまな状況で，他者の「心的状態」
（どう思っているか，感じているかなど）をある程度推測することがで
きます。このような認知的な働きを心理学では「**心の理論**」（theory
of mind）と呼びます。

　心的状態には，知識，欲求，感情，意図など，人間の行動を説明
する情報（行動の原因となるもの）が含まれていますが，「心の理論」
とは，他者の行動をその人の心的状態から理解する能力のことです。
この種の「他者の心を読む＝他者の行動を理解する」能力は，意図
的に学習したものではなく，発達過程で社会的に発達すると考えら

れています。この「心の理論」に関するある実験では，4歳を過ぎる頃に心の理論が使えるようになることがわかっています。そして，成長に伴い，一般的には誰でも一定のレベルで使用できるようになりますが，その精度には個人差があります。人間の言動は，実際の意図や感情と一致しているとは限りません。ときには思ってもいないことを言ったり，不快に感じていても笑顔を見せたりすることは誰でもあるはずです。冗談や皮肉の理解も含め，こうした場合に他者の「本当の意図や感情」を正しく推測できるかどうかは日常生活でも重要ですが，その正確さは人によって違いがあります。このような違いは，ある種の社会的認知能力（社会的知能）の個人差を反映していると考えられていますが，興味深いことに，通常の認知的能力（知能）や学力とはほとんど関係はありません（⇒ Lecture 8）。したがって，心理学を学んだからといって，「心の理論」能力が向上する（人の心が読めるようになる）ことは，残念ですがあまり期待できません。

　でも，がっかりしないでください。科学としての心理学を理解することは，自分を含めた複雑な人間の行動を客観的に理解するための基礎として，必ず役に立つことがありますし，それ以前に自分を含めた人間という存在について，より深く知ることにつながります。

　以上，科学としての心理学について，日常的に使われている「心理学」ということばが意味している内容との共通性と違いの両面から，例をあげて簡単に説明してきました。

　この本を読むことで，人の心を読む能力が向上するわけではありませんが，心を読むといっていることがどのような認知的過程（脳の働き）なのかということを，客観的な実験などの例を通して理解することができます。また，私たちが心と呼んでいるもの（現象）

が実際にどのように科学のなかで扱われているのか，心のはたらきには，どのような能力や機能があるのかについて，その概要を紹介していきます。人間だけでなく，他の動物も一部はもっている心のはたらきは，想像以上に多様で精緻なものです。その内容は，本書を読むことで一望することができますが，それはあなたが心理学に対してこれまでもっていたイメージと大きく違うと感じるかもしれません。この本を通して，正しい「科学としての心理学」を理解してほしいと思います。

Lecture 1

科学としての心理学とは
「心理学」にまつわる疑問

Psychology as a Science

1　心理学とは何か

1.1　心とは何か

　一般的な定義では，心理学とは，心（あるいは行動）を研究する科学といわれています。心と行動では，だいぶ違うものをさしているようにも思えますが，その問題はここではおいておくとして（この問題は，後で説明します），それでは，心理学が対象とする「心（こころ）」とは何でしょうか。

　人は誰でも自分だけでなく，他の人も心をもっていることに疑問をもつことはないでしょう。また人間だけでなく，ペットのような動物にも「心」の存在を感じているはずです。しかし，よく考えてみると，心というものは，なんとなく共通理解をしているようですが，その正体は実はよくわかりません。辞書などを調べると，心は

「人間の精神作用のもとになるもの，またはその作用」と書いてあります。この説明は，前半の説明は心を私たちの精神的なはたらき（思考，感情，意志など）の「原因」としてとらえているもので，後半の説明は心をそうした精神的なはたらき自体（つまり結果）としてとらえています。つまり「心」とは，私たちの精神的なはたらきの原因であり，結果でもあるということになります。この説明には，心理学の歴史における心の「構造論」（しくみ）と「機能論」（はたらき）に対応した考え方が表れているのですが，心の本質は，私たちが心のはたらきとして経験（意識）する内容の「原因」であり，そうしたはたらき（機能）そのものでもあると考えることができます。これはどちらが正しいという問題ではなく，心は実体ではないので，原因として特定することは難しいために，そのはたらきによって生じた（結果としての）行動を知ることで，心を知ることができると考えているためでもあります。

1.2　心（こころ）か，頭（mind）か

　ところで，英語のテキストを見ると，心理学（psychology）は，mind のはたらきを（その結果生じる何らかの行動を手がかりとして）実証的に研究する科学と定義されています。この英語の mind は通常日本語では「こころ」と訳されますが，それでは mind と「こころ」は，同じものなのでしょうか。

　英語の辞書を見ると mind の説明には，the part of a person that makes it possible for a person to think, feel emotions and understand things（「人間が考えたり，感情を感じたり，ものごとを理解することを可能にするもの」というような意味）と書かれています。この内容は，あなたが普段考えている「こころ」と同じでしょうか。どちらかといえば，日本語では「こころ」より「頭（あるいは脳）」と置き換え

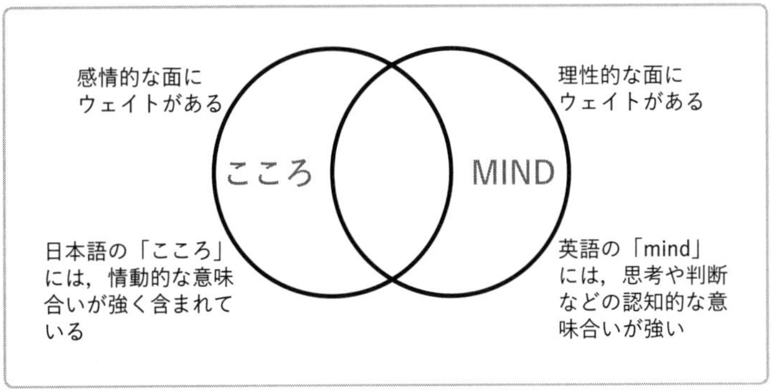

図1-1　日本語の「こころ」と英語の mind の違いのイメージ

たほうがしっくりくるのではないでしょうか。実は，日本語の「こころ」と英語の mind では，重なり合う部分もありますが，内容の中心やニュアンスにはかなり違いがあります。

　心理学は欧米圏で生まれた学問であり，主として知覚，認知，思考など理性的な面を中心とした mind の機能を対象に研究が進められてきたという歴史があります。一方，日本語の「こころ」ということばは，喜怒哀楽を中心とした情動などの感情面のはたらきを重視しており，2つの言語での「mind—こころ」のイメージにはズレがあります。なお，現在では，心理学は mind—こころの両方のはたらきについて総合的に研究対象としています。

1.3　科学としての心理学

　現在，科学として研究されている心理学は，実証科学（自然科学）の一分野です。日本では，大学の心理学専攻が文学部などに属していることが多いので，文系の学問のイメージがありますが，内容的には自然科学の一分野であり，ヨーロッパの複数の主要大学には「心理–生物学部」が設置されているように，理系の学問と考えら

れています。実際，この本を終わりまで読むとわかりますが，実証
科学的心理学は，主として人間を対象とした行動生物学と考えるこ
とも可能です。日本では，心理学というと，臨床心理学のイメージ
が強いために偏った印象をもたれていますが，臨床心理学の多くの
理論は実証性以上にクライエントの主観性を重視するという点で特
殊な分野であるということもできます（➡ Lecture 12）。

　なお，ここで，実証科学的といっているのは，データ（証拠）に
もとづいて，現象を扱う科学ということです（実証 = evidence based
という意味です）。主に，実験や測定などを行って心理的現象を研究
します。そこでは臨床心理学で一般的に行われているような個人的
な体験としての心理的現象の「解釈や説明と本人の納得」ではなく，
データにもとづいた客観的で再現性・法則性のある「因果関係の解
明」が目的とされています。

　その点，テレビや雑誌等でよく取り上げられている「心理学」は，
心理現象を一見もっともらしい（ただし正しいとは限らない）解釈に
よって説明する「ポップ心理学（素朴心理学）」とでもいうべきもの
であり，科学的な心理学ということはできません。

2　ポップ（ポピュラー）心理学

　一方，テレビや雑誌などで心理学として紹介されているものの多
くは，現象を推測や後づけで，もっともらしく説明しているものが
多く，実証的な根拠にもとづいて再現性をもって説明されているわ
けではありません。

2.1　「劣悪な家庭環境が犯行原因」という説明は心理学？
　たとえば，ある殺人事件の容疑者について，テレビ番組で専門家

（背景）猟奇的殺人の犯人が逮捕され，容疑者の幼少期に，虐待など親子関係を含む家庭環境に問題があったことが明らかにされた。

ポップ心理学
　　複数の事例で異常殺人犯には
　　家庭環境・生育歴に問題がある　　　➡　（推測）猟奇的殺人は，
　　　　　　　　　　　　　　　　　　　　　幼少期の不幸な経験が原
　　　　　　　　　　　　　　　　　　　　　因になる

実証科学的心理学
　　類似した犯罪の容疑者の幼少期の　　　2つのデータを比較し
　　家庭環境に関する情報を集める　　　　差を調べる

　　容疑者と同年齢の一般人の幼少期　　➡　統計的に違いがあれば，
　　の家庭環境に関する情報を集める　　　生育環境が原因と考える

図1-2　実証科学的心理学とポップ心理学による説明の違いの例

と称する人が「容疑者の子どもの頃の劣悪な家庭環境が，このような残虐な犯行の原因と考えられます」などと幼少期の体験をもとに犯行の動機を説明していることがあります。その説明は，一見もっともらしく聞こえるかもしれません。しかし，子ども時代に同じような不幸な体験をした人が，みな同じような犯罪を犯すかどうかはわかりません。実際には，子どものときに虐待を受けた経験があっても，犯罪を犯さない人はたくさんいますし，幸せな子ども時代を送っていても，殺人を犯す人も一定数存在します。

　実証科学的な視点に立てば，同じような不幸な経験をした子どもが成長後に同様の犯行を行う割合が，一般的な養育経験を受けた人が同様の犯罪を起こす割合に比べて明らかに大きくなければ，幼少期の体験（原因）と犯罪行動（結果）の間に因果関係があるという法則性の存在を証明することはできません。そして実際に，そのような幼少期体験と殺人などの重大な犯罪行為との間の明確な因果関係を示すデータは存在していません。

　一定の情報（データ）をもとに結果が予測できること（法則性の存

在）が実証科学であることの条件であり，ある重大な犯罪を犯した人が幼少期に体験したことと同様の体験をした人の大半が，同様の犯罪を犯していないという事実があれば，幼少期の不幸な体験によって犯罪行為を説明することは，一見もっともらしく思えても「誤り」であるということになります。

2.2　数値データを出せば心理学？

なお，ここで示した例のように，幼少期の経験と犯罪行動の間に因果関係の存在の有無を説明する場合には，「異常な犯罪を犯した人のほうが幼児期の家庭環境に問題が多かった」というような表面的な数値の違いではなく，統計学的な分析で違いを確認することが重要です。テレビや新聞等の報道でも，単純に件数やパーセンテージの大小が示されているだけのケースが多いですが，同じ10％の違いでも，データ数や質問の設定のしかたなどによって，違いが「ある」といえる場合と違いが「あるとはいえない＝ない」という場合があり，データの数値が示す意味は一概に判断できません（数字は一見わかりやすいので，報道する側が結果を意図的にミスリードしている可能性も否定できません）。

2.3　なぜ「ポップ心理学」が存在するのか

では，なぜ科学的見地からみて正しいとは限らない（多くの場合は間違っている）「ポップ心理学」が存在し，実証科学的心理学の専門的なトレーニングを受けていない人がテレビなどで心理学者を自称しているのでしょうか。その背景には，Lecture 0 でふれた心理学の2つの意味に重要なヒントが含まれています。そのうちの1つの「日常知」的な意味では，「人間はすべて心理学者である」といえるということです。これは，日常知・経験知として人の心理を理

解している者という意味です。

2.4　誰もが「心理学者」である？

　私たちは日常的に，周囲の人の行動を見て，その人の性格などを判断し，それをもとにその人の行動を理解したり予測しています。たとえば，ある友人が，しばしば冗談を真に受けることを知っていれば，その友人に冗談を言ったら通じない（信じてしまう）ことがあると考えるでしょう。これは，ある人について情報を収集し，そこに何らかの規則性を発見し（この例では，ある友人は冗談が通じないこと），それをもとにその人の行動を理解・予測しているのです。

　これは，心理学者が行っている「データの収集，その分析による結果の解釈，それにもとづく行動の一般的な予測」と基本的には共通しています。その意味で，すべての人間は「しろうと心理学者」でもあるのです。ただし，そこで収集しているデータ収集の客観性やデータから導く法則性や結論の見出し方などに科学的心理学とは大きな違いがあるのです。この「専門家が研究で行っていること」と「人間誰もが日常的かつ経験的に行っていること」が基本的には共通にみえるという点が，心理学が，物理学や生物学などのような他の科学とは異なる点であり，「身近ではあるが専門性が低い」学問として受け取られているということの背景にあります。

　それを端的に示す例は，大きな書店に行けば確認することができます。大規模な書店には，たいてい心理学コーナーがありますが，一般の読者を対象とした心理学書（つまり専門書以外）の著者の過半数は心理学を専攻した経歴をもっていません（機会があれば，大型書店の心理学コーナーで，一般向け心理学書の奥付にある著者紹介をチェックしてみてください）。つまり，一般向けの心理学書であれば，心理学を専門的に勉強していない人でも，自分の経験だけで心理学につ

いてもっともらしい（説得力のある，ただし科学的には正しいとは限らない）内容の本を書くことができるということです。実際には，この種の本は「日常知・経験知としての心理学」の本であり，科学としての心理学の本ではありません。このような傾向は，他の学問分野では考えられませんが，心理学に関しては，ある意味で「人はすべて心理学者である」ために，誰でも自分の経験から心理学的な見解をもつことができ，誰でも共通の経験をしていることから，一見多くの人が納得するようなことを書くことができるのです。しかし，こうしたことは，科学としての心理学について誤解を広げることにもなっています。

3 「心の理論」を科学する

3.1 マインドリーディング（心を読むこと）は心理学のテーマか

心理学に関する一般的なイメージのなかの代表的なものに，「心理学を学べば人の心が読めるようになる」というものがあることは，前にふれました。もしあなたが大学で心理学を専攻していることを友人や親戚の人に言うと，しばしば返ってくる反応が「心理学を勉強すれば，人の気持ちを読めるようになるんでしょう？」とか「気持を読まれそうで怖い」などというものです。もしそれが本当ならすごいことですが，実際には心理学を学んだからといって，他者の心を今以上に読めるようになるわけではありませんし，大学の心理学のカリキュラムにもそのような内容はありません。しかし，この「心を読むこと（厳密にいえば，他者の意図や感情状態などを正確に推論する一種の情報のデコーディング）」は，「**心の理論**」（theory of mind）のことで，心理学の研究テーマでもあります。

ここで，次の例を考えてみましょう。

あなたに弟がいるとします。ある夏の暑い日の午後に，あなたが自宅のリビングで雑誌を読んでいると，弟が帰宅し，靴を脱ぐとすぐにキッチンに直行して，冷蔵庫の扉を開けました。このとき，あなたは弟の行動を見て，どう考えるでしょうか。多くの人は「弟はのどが渇いていたので，何か飲み物を探すために冷蔵庫を開けた」と考えるでしょう。このとき，あなたは弟の行動から，彼が「のどが渇いてる」こと（生理的状態・欲求）を推論し，「飲み物を探す」こと（次の行動）を推測・理解していることになります。この一連の「弟の行動の理解」は，欲求のような他者の心的状態の推論を前提としており，高度な認知的過程を含んでいます。

このような高度な**認知過程**（他者の心的状態の推論と，それにもとづく行動の予測や理解，つまり「心を読む」過程）を研究することは，心理学の研究テーマの1つです。

3.2 「他者の心的状態の理解」を調べる

他者の心の内容や状態は，直接見て確認することができません。したがって，他の人の欲求や意図・感情などの理解について調べることは，科学の世界では難しいと考えられてきました。近年，技術的進歩によって，機能的磁気共鳴画像法（fMRI）などのように，人の脳内の状態を画像化する技術も開発されていますが，これで明らかにされるのは脳の活動状態であり，実際の心の状態自体（欲求や意図）が観察できるわけではありません。

しかし，私たちは日常的に，より素朴な方法によって，他者の心の内容や状態を理解していることが（いつも正しいとは限りませんが），心理学で研究されています。その1つの例として，「サリーとアンの課題」を紹介しましょう。

■サリーとアンの課題

　図1-3に示した課題の正答は「サリーは，自分のバスケットの中を探す」というものです。この人形劇を見ていた人は，ボールが今は箱の中にある（サリーのバスケットには入っていない）ことを知っているのに，なぜサリーが「（空の）バスケットの中」を探すと考えるのでしょうか。それは，サリーが部屋を出て行くときにボールを自分のバスケットに入れ，その後でサリーが見ていない間にアンがボールを取り出したことを知らないので，**サリーは「ボールがバスケットの中に入っていると思っている」**と考えているためです。

　この問題は簡単すぎて，何が問題なのかわからない人もいるかもしれませんが，ここでは「ボールは箱の中にあるという現実」と「**ボールはバスケットの中にある（と思っている）サリーにとっての現実（知識＝信念）**」を区別できることが重要であり，これを理解できていないと正答することはできません。そして，この課題を子どもたちに実施した結果，4歳未満の子どもの多くは，「箱（ボールが実際にある場所）を探す」と答え，人形劇での正答が「サリーのバスケット（サリーがボールがあると思っている場所を探す）」であるということを理解できていないことがわかりました。これは「サリーの信念＝サリーの心のなか」を理解できていないためと解釈することができます。この課題は，一般的に4歳を過ぎる頃になると正答できるようになることから，他者の心の（状態や内容の）理解は，発達過程で獲得されることがわかってきました。心理学では，これを「心の理論を獲得する」と呼んでいます。

　なぜ心の「理論」と呼ぶのかというと，「他者の心的状態を現実（事実）とは切り離して（表象として）理解し，それにもとづいた結果として行動を推論する」ということを理論的な枠組みによって処理していると考えているからです。もちろん，小学校入学前の幼児

1. サリーはバスケットを，アンは箱を持っています

2. サリーは，ボールをバスケットに入れて，部屋を出ていきます

3. アンが，ボールをバスケットから取り出して自分の箱に入れます

4. サリーが戻ってきて，ボールであそぼうとしました
ここで，見ていた人に質問です。「サリーはどこを探すでしょうか」

（実際は人形劇を見せる）

（出所）Baron-Cohen et al., 1985 より作成。

図 1-3　サリーとアンの課題

が，このような理論を自覚的に使っている（つまり，頭で理屈として考えている）わけではありませんが，脳内では理論的な認知処理（心の理論的理解）がなされていると考えているのです。

■写真課題

　一方，「サリーとアンの課題」と問題構造が類似した「写真課題」というものについてみてみましょう。この課題では以下のような手続きの人形劇を子どもに見せます。

　①　カーペットの上に人形を置く

② ポラロイドカメラ（撮影した写真をすぐにプリントアウトできる機能をもったカメラ）で，カーペットの上の人形を撮影する

③ プリントアウトした写真を裏返して（見せないで）おいて，人形をイスの上に移動する

ここで子どもに次のような質問します。

質問1「今，人形はどこにいますか？」（目の前の現実を正確に理解しているかを確認）

質問2「写真の中では，人形はどこにいますか？」（これが重要な質問）

さて，「写真課題」の結果はどうだったでしょうか。質問1の「今，人形はどこにいますか？」の正答は「イスの上」です（これは目の前の場面を見たままで回答が可能）。一方，質問2「写真の中では，人形はどこにいますか？」（写真は伏せたままなので見ることはできません）の正答は，「カーペットの上」になります。

3.3　問題構造は同じでも，処理する表象が異なる

「写真課題」は「サリーとアンの課題」とよく似ていますが，実際には，4歳の一般児では，「サリーとアンの課題」の正答率が約80％であったのに対して，「写真課題」の正答率は40％程度（半分以下）と大きく成績が異なっていました。なぜでしょうか。

ここで注目すべき点は，次に示すように2つの課題が共通の問題構造（問題を記号化すれば同じ）であるということです。

・サリーとアンの課題：現実（ボールは箱の中）とサリーの知識（ボールはバスケットの中）を区別する

・写真課題：現実（人形はイスの上）と写真（人形はカーペットの上）を区別する

どちらも「現在の現実」と，「他者にとっての事実（思い込み）や

過去のある時点での事実（写真の中での状態など）」を区別するという点では，2つの課題は共通の問題のように思えます。しかし，その成績が明らかに異なっていたということは，この2つの課題には何か違いがあるということを示しています。この違いは，心的表象（ここの例ではサリーの思い込み）と物的表象（写真の内容）という「表象」の性質の違いを反映していると考えられています。

　表象（representation）というのは，心理学などで使用される概念ですが，知覚や感覚などにもとづいて意識に表れる対象のイメージを意味するものです。人形劇を観ていた子どもは，サリーの頭（心）のなかに「自分のバスケットの中にボールがある」という表象があると思っていますが（この場合は，明確な視覚的なイメージとは限らないので「心的表象」です），写真課題では「人形がカーペットの上にあったときの写真（と対応したイメージ）」が表象になっています（見て確認することができる写真のイメージは物的表象）。この表象を必要とする課題で，4歳児の正答率に大きな差があったということは，人間の認知過程のなかで2種類の表象は別の処理がされていたと考えられます（⇒ Lecture 10）。近年の脳画像研究でも，この2種類の表象の処理課題を行っているときの脳の活性化する部位がかなり異なっており，別の神経回路を使用している可能性が示されています。

　なお，別の実験で，知的能力が7歳レベルの，ある発達障害と診断された児童のグループを対象に2つの課題を実施したところ，「サリーとアンの課題」の正答率が約20％であったのに対して，「写真課題」では100％が正答しました。いずれにしても，この一見類似してみえる2つの課題で，人間は異なる認知処理を行っていると考えられています。

3.4 「心の理論」と言語の関係

　「心の理論」は人間が社会生活を送るうえで不可欠な能力ですが，一般的な問題とは違い，これによる推論には場合によっては絶対的な正答があるとは限りません。夏の暑い日に，帰宅した弟が最初に冷蔵庫を開けに行ったのは，冷たいドリンクを取りに行った可能性が高いのですが（弟の欲求の推測にもとづく一般的正答），帰宅途中で足を打撲し，冷却剤を取りに行った可能性もあり，この場合には，冷蔵庫に直行したのは飲み物を取るためという解釈は間違いになります。

　このように，他者の行動について，そのときの状況（文脈）に妥当な正答を推論する能力を，日常生活では（特に意識せずに）私たちは頻繁に使っていますが，言語の理解においても，この「心の理論」が大きくかかわっています。

　たとえば，みなさんが昼休みに友人と大学の食堂でランチを食べている場面を考えてみましょう。友人と一緒に食事をしているとき，Aさんはソースを使いたいと思いましたが，自分の手が届く場所にはソースがなく，隣に座っている友人のBさんの向こう側にソースのボトルがあることに気づきます。ここで，AさんはBさんに「向こうにあるソース取れる？」と言うと，もしあなたがBさんの立場だったら，ソースのボトルを取ってAさんに渡してあげるでしょう。このときのAさんの発言は「ソースを取れる？」と言っているので，語義的には「ソースを取ることができるか」と尋ねていることになり，それに対する語義的な回答は（ソースに手が届く場合は）「うん，取れるよ（自分には取ることが可能である）」ということになります。しかし，冗談で答えるなら別ですが，通常は「ソースが取れるかどうかではなく，ソースを取ってほしいんだな」ということが理解できるので，ソースを取って渡すでしょう。これは当た

り前のことに思えるでしょうが，実は，言語を語義的に理解するのではなく，文脈によって理解していることを意味しています。

このように，日常的な会話では文脈的な情報を考慮した（つまり「心の理論」を適用した）実践的な言語理解が重要な場合があります（これを「語用論」といいます）。

ここで気づいた人がいると思いますが，日本の中学・高校での英語教育で一般的な，単語と文法を中心とした学習が，実際の英語の運用（日常的な英会話）にあまり効果的ではないのは，言語理解の基本に心の理論がかかわっていることを考慮していないためといえるでしょう。言語は，単語の意味と，その単語の並べ方のルールを規定する文法がわかれば理解できると思われていますが，そうとは限りません。もし単語と文法をマスターすることで言語が運用できるのであれば，単語辞書と文法プログラムを内蔵するコンピュータによる翻訳は最強なはずです。しかし現実は，コンピュータによる英語翻訳は，近年だいぶ改善されたとはいえ，実用性はまだ十分なものとはいえません。特に小説のような文学的な言語表現を多数含む場合（これは私たちの日常言語に近いものですが），「心の理論」を適用しないと実際の意味は理解できないことが多いのです。

それならば，コンピュータに心の理論のプログラムを搭載すればいいのではないか。そう考えるかもしれません。しかし，現在の人工知能（コンピュータ）では，膨大な単語辞書を内蔵し，高度な文法プログラムをもっていても，「心の理論」の処理過程をプログラムとして記述することは実現できていません。4歳過ぎの子どもが自然に理解し，児童期以降多かれ少なかれ誰でも一定の範囲で身につけているある種の推論能力については，その実践的な運用となると，関連する要因・条件が多すぎて，プログラムとして記述することが難しいのです。

4 よくある疑問に答える

さて，この Lecture の終わりに，これまでで取り上げなかった，心理学に関係したいくつかの基本的な疑問について考えることで，科学的心理学についてもう少し考えてみることにしましょう。

4.1 ヒト以外の動物にも心はあるのか

この問題に対する答えは，「心」の定義次第で変わってくるのですが，日本人の多くはあまり疑問をもたずに「イヌやネコなどの動物だって心をもっている」と答えるでしょう。それは，日本人にとっての心が「情動的な側面」に重きがおかれており，イヌやネコなどの動物も喜怒哀楽などの感情を示すことから，当然，心をもっていると考えるためです。一方，思考や判断などの認知的なはたらきを mind の中心と考える欧米の研究者（や一般人）にとって，動物が心をもっているかどうかは自明ではありません。そしてこの問題は，ヒト以外の動物にも「心の理論」はあるのかという疑問に置き換えることもできます。

人間は，通常，日常生活のなかで「心の理論」を使用していますが，生まれたときから使用しているわけではなく，発達に伴って徐々に使用できるようになると考えられています。それでは，ヒト以外の動物には「心の理論」はあるのでしょうか。

実は「心の理論」の研究のきっかけは，チンパンジーを対象とした研究でした。その研究は「チンパンジーに心の理論はあるのか？」というタイトルの論文として発表されていますが，具体的には，以下のようなものでした。

チンパンジーに，人が何かをしようとしている（目的的な行動の）

短い動画を見せ，その後で，その人は何をするのか，あるいは，その人が必要なものは何かを選択肢（写真）から選ばせます。具体的には，人が高いところにあるものを取ろうとしている場面を見たときには，その後で踏み台（箱）に足を乗せている場面の写真を選ぶかどうか，ケージに閉じ込められた人が外に出ようとしている場面では，必要なものとして「カギ」の写真を選ぶかどうかといった課題です。

この研究の結果，チンパンジーは一定の範囲で，動画の登場人物のその後の行動や，必要としているものを適切に選ぶことができることが示され，これは他者の欲求や意図といった「心的状態」を理解できるためであると解釈されました。つまり，チンパンジーも「心の理論」をある程度もっているということになります。しかし，厳密にいえば，ここで示された結果は，登場人物の意図を推論している（「心の理論」をもつ）とも解釈できますが，目的と手段の連合＝組合せを理解している（ある種の「学習」➡ Lecture 4）とも解釈でき，後者の場合には，「心の理論」は必要ないとも考えられるので，人間以外の動物が「心の理論」をもつかどうかについては，研究者間で見解は一致していません。チンパンジーやサルはもちろん，イヌやネコ，鳥や一部の昆虫にまで心の存在を想定している（「一寸の虫にも五分の魂」ということわざに表されている）多くの日本人からみれば，チンパンジーが人の気持ちがわかる（他者の心的状態を理解する＝「心の理論」をもつ）ことは当然のことかもしれませんが，実証科学的には，それが事実であることを客観的な実験的手続きによって検証する必要があるのです。

この研究は注目を集め，その後，年齢の低い子どもなどの人間も含めたさまざまな対象に「心の理論」に関する実験的研究が多数行われることになりました。そして，これまでの研究の結果から，ヒ

ト以外の霊長類，ほ乳類や鳥類の一部も「心の理論」に該当する認知能力を一定の範囲で使用している可能性が高いことが確認されています。ただし，人と比べると，その能力は限定的なものであり，人の「心の理論」能力は，非常に高度に発達していると考えられています。換言すれば，ヒトを他の動物と異なる独自の「人間」たらしめているのは「心の理論」を自由に使いこなせることなのかもしれません。

4.2　ヒト以外の動物にも言語はあるのか

　さて，言語の理解には「心の理論」が重要であると前の部分で説明しました。それでは，「心の理論」を人間のように自由に運用できるとは限らない他の動物は，言語を理解できるのでしょうか。この疑問も，「ヒト以外の動物にも心はあるのか」と同種のものであり，その回答は「言語」をどのように定義するかによって変わります。言語を「音声や身振り，記号などによる情報の伝達」と考えるのであれば，ほ乳類や鳥類だけでなく，両生類や昆虫も言語をもっているといえます（鳥の鳴き声には，文法のようなルールがあることが知られていますし，カエルやコオロギも，鳴き声でコミュニケーションしています）。では，ヒト以外の動物は，昆虫も含めて，言語を使用しているといえるのでしょうか。

　言語は，単に情報の伝達というだけでなく，「心の理論」が重要な役割をもっています。たとえば，幼稚園児には皮肉がほとんど理解できないように，実際には，一定のレベルの「心の理論」能力をもっていないと，人間であっても皮肉や冗談は理解できないことがわかっています。その意味では，ヒト以外の動物は，冗談や皮肉を理解しているようには見えないため，言語の運用に「心の理論」を条件とするならば，言語をもつとはいえないと考えることもできる

でしょう。ヒト以外の動物にもだましや駆け引きのような行動がみられることから，ある種の「心の理論」能力（あるいはそれに近い能力）をもっていることは間違いありませんが，それを言語的コミュニケーションにも応用しているかどうかについては，それを明確に支持する証拠はまだ報告されていません。

現在，言語の問題は，心理学や言語学だけの問題ではなく，神経工学などともかかわる重要な研究テーマですが，「心の理論」のプログラムが解明できれば，真の自動翻訳システムの開発が実現できるはずです。人間同様の言語理解プログラムの解明ができれば，ノーベル賞クラスの評価を得られる可能性が高いでしょう。

4.3 ヒト以外の動物にも自己意識はあるのか

私たちの心のはたらきの中心には，自分で考えたり行動したりしていることを，自分で意識しているという「自己意識」が存在しています。その意味で，心理的現象を考えるとき，自己意識を無視することはできません。ところで，ヒト以外の動物にも一定の心的なはたらきがあると仮定したとき，ヒト以外の動物にも自己意識はあるのでしょうか。

人間も他の動物の多くも，外界の情報を目や耳などの感覚器官を通じて入力し，それが脳に送られて，その結果として何らかの反応（行動）をしています。基本的に，好ましい対象（食料など）には近づこうとするし，危険な対象（外敵など）を回避しようとします。感情的な反応も，少なくとも恐れや怒りなどは，は虫類レベルでも生じていると考えられます。このような生体への情報入力から反応（行動）としての出力までの過程を心のはたらきと考えるのであれば，人も他の動物も，心的なはたらきは程度の違いで本質的な違いはあまりないように思えますし，実際そう主張する研究者もいます。

しかし，最も大きな違いと考えられる点は，自己意識（専門的には
リカーシブ＝再帰的な意識といいます）の有無です。

　人間は，自分がやっていることや感じていることを自分で意識す
るという，入れ子構造になったリカーシブ（recursive：再帰的）な意
識をもつことができます（たとえば，自分が空腹を感じていることを意
識できます）が，他の動物は空腹を感じることはあっても，それを
「自分が空腹を感じている」というように対象化して意識している
ようにはみえません。人間は自分自身の心的状態（たとえば「空腹」）
を対象化して，それを「自分自身が空腹である」ということとして
意識的に理解できる，つまり「心の理論」を，自分に対しても使っ
ています。そして，4歳頃に「心の理論」が獲得されることと，「自
己意識」（自分を対象化して自分で意識できること）が表れてくる（一般
に「自我の芽生え」といわれる）時期が同じ頃であるという事実は，
自己意識には「心の理論」のはたらきが前提になっていることを示
していると考えられます。

　一方，動物の自己意識に関する研究では，ミラーテストが使用さ
れることが多いのですが，鏡に映った自分の姿を「自己」として認
識する能力は，オランウータンで一部見られただけで，他の霊長類
を含めた動物では明確には確認されていません。この点から，現時
点では人間以外の動物には明確な自己意識はないと考えられていま
す。この自己意識の存在は，パーソナリティ（性格）や心理的適応
の問題を考えるときに，重要な意味をもつことになります。

4.4　人間に固有の心のはたらきはあるのか

　この疑問は「動物にも心（自己意識）はあるのか」という問題と
も関係していますが，「ロボットも心はもつことができるのか？」
という疑問にもつながります。人工知能に自己意識（のようなもの

＝再帰的自己認識過程）をプログラムすることは理論的には可能でしょうが，それはあくまでもプログラムとして人間が作成した再帰的情報処理システムを搭載することであり，人間のように適宜駆動される機能とは異なるため，持続的な再帰ループを生じてしまうでしょう（システム障害を起こすと考えられます）。自己意識は，いつも生じているわけではなく，適宜生じる過程で，注意深く行動するときなど一般的には適応的に機能するものですが，ときには適切に統制できない（自己意識自体を完全にコントロールすることはできない）ため，非適応的な効果をもつこともあることから，心理学では「不適応」の問題と大きくかかわっています。

　人間の脳も原理的にはコンピュータと同じ構造をもち，同じように機能していると考えることが可能ですが，人の脳と同等の複雑なコンピュータを作成したとしても，自己意識が自然に発生するとは考えられません（実際には，人の脳と完全に同じようなネットワークを再現したコンピュータは作成されていないので，結果はわかりませんが）。この「自己意識」の問題は，未解決の部分が多く，心理学に限らず他の分野でも取り組んでいる課題ですが，「人間の固有性」を考えるときの重要なカギを握っており，心理学からも脳神経科学研究に重要な貢献をすることができる問題といえるでしょう。

4.5　心理学は，脳を研究対象とするのか

　近年，「脳科学」ということばが流行していますが（正確にいえば「神経科学」），心理学が対象とする心的過程は脳で生じているので，この通称「脳科学」は，心理学が研究している内容と類似しているように思えます。しかし，脳は生物学的実体ですが，医学や生物学とは異なり，心理学では脳自体を研究対象とすることはありません。人間の心的機能（心理的はたらき＝知覚，認知，思考，情動など）は，

脳・神経系のはたらきの結果として生じるので，心理学は「脳**のは
たらき**」を研究対象にしているということができます。

　心理的なはたらき（機能）の多くは，進化の過程で環境への適応
上有利なものが脳・神経系のはたらきとして**自動化**したものと考え
られています。この心的機能の自動化を担っている各心的機能に対
応した脳の神経回路のユニットを「心的モデュール」と呼びます。
現在の「実証科学的心理学」では，このような「心的モデュール」
（の組合せ）の機能（はたらき）を明らかにすることを目的としてい
ると考えることもできます。その意味では，心理学は脳の「はたら
き」を研究対象としています。

　脳は，しばしばコンピュータにたとえられますが，この比喩を使
うならば，脳というコンピュータを工学的に（機械の構造として）調
べ，機械としての故障や性能向上などについて扱うのが医学，生物
学などであるのに対して，脳というコンピュータを作動させるため
のプログラム（ソフトウェア）を研究するのが心理学の役割という
ことになります。

　脳という生物学的ハードウェアの設計図は人間に共通ですが，
個々の脳のはたらきは異なります。この違いは，心というソフトウ
ェアの違いであり，そのソフトウェアについて調べることが心理学
の目的といえるでしょう。

Lecture 1 のまとめ

- 実証科学的心理学は，実験，測定，観察などといった自然科学的な方法を使用して，人間（および他の動物）の行動について，その法則性を明らかにする科学の一分野である。
- 心理学が対象とする mind と，日本語の「こころ」には，若干の違いがある。
- 現在使用されている心理学という言葉には 2 つの意味がある。
- 「人の心を読む」ことは「日常知としての心理学」であり，人は誰でも多かれ少なかれ行っているが，「実証科学的心理学」を学ぶことによって，その能力が向上するわけではない。
- しかし，人の心を読むという認知的なはたらきは「心の理論」という概念として，心理学の研究対象となっている。
- この「心の理論」という心的過程は，人を人たらしめている重要な機能であり，人間の行動を理解するための基本的なものである。

Lecture 2

心理学の歴史と展開
科学的心理学への道

History of Psychology

　歴史にはあまり興味がない人もいるでしょうが，科学の世界でも現在の理論や研究は過去の研究の歴史の上に成り立っています。心理学でも，その歴史的展開を知ることで，現在の心理学で扱われている研究テーマや考え方（理論）について，よりよく理解することができるようになるでしょう（➡章末表2-3心理学史年表）。ここでは，人名などの細部よりも，「こころ」についての全体的な考え方の変遷に注目してください。

1　科学的心理学以前
──ギリシャ・ローマ時代の哲学的思想

1.1　霊魂論と体液説──「四体液のバランスが崩れると病気になる」

　人の心の問題は，古くから関心がもたれていました。たとえば，アリストテレスは *De Anima* のなかで，現在の心理学で扱う現象に

ついてふれています。彼は「心とは生物の能力の原理であり，それらの能力……感覚能力，思惟能力，運動能力によって定義される」といっています。そして，感覚・知覚・思考・認知など，現在の心理学のテーマを取り上げていますが，もちろん哲学的な説明であり，実証科学的なものではありません。

　一方，現在の心理学，および医学・生理学，認知神経科学に直接関係している考え方は，紀元前5〜4世紀の古代ギリシャのヒポクラテス派の医学に起源をもつ「**体液説**」です（ヒポクラテスは，西洋医学の始祖と考えられています）。体液説とは，健康状態や病気，心理状態などを，体液等のバランスによって説明する理論で，人間の体液は，血液を基本に「血液」「粘液」「黄胆汁」「黒胆汁」の4つからなり，そのバランスが崩れると病気になるとする四体液説が知られています。

　四体液説には科学的な根拠はありませんが，その発想自体は，現在のホルモンなどの生化学的条件の変化によって行動や疾患などへの影響を説明する考え方，たとえば血液等で循環するホルモン等の生化学物質のバランスの変化により行動への影響や不適応などが生じるという考え方の源流ということができます。たとえば現在一般的に行われている「うつ」（depression）という心理的不適応状態を抗うつ剤という薬物によって改善する方法は，同じ発想にもとづいています。

1.2　ガレノスの四気質説──「四体液が個人の気質を生み出す」

　紀元2世紀のガレノスは，ヒポクラテスの理論をベースに，四体液説を継承・発展し，そのバランスが個人の**気質**（性格の基礎）を生み出すと考えました。彼の四気質説は，科学的心理学が登場する頃まで，ヨーロッパの性格理論の基礎として受け継がれていました。

表2-1　4つの気質のタイプ

①　(黄)胆汁質：荒々しい性格で熱血漢，短気で行動的，野心も強く，気前がいいが傲慢で，意地悪で気難しい面もある。
②　黒胆汁質(憂鬱質)：寡黙で頑固，孤独癖があり運動や社交を好まない，強欲で倹約家，利己的で根にもつ，神経質で，注意深く明敏，勤勉で，1人で思索に耽ることが多い。
③　多血質：機嫌よく社交的で，ずうずうしいが気前もいい，先のことは考えず，心変わりしやすい，娯楽が好きで好色，教養とは無縁。
④　粘液質：精神的に鈍く，優柔不断で臆病，おだやかで公平，人を騙したりしない，運動や努力が嫌い。

4つの気質のタイプとは，表2-1に示したようなものです。

あなたの周囲にも，これらのタイプにあてはまるようにみえる人がいるのではないでしょうか。

ガレノスに始まった四気質説は，ヴントの時代(⇒ 2.2)までヨーロッパで受け継がれてきましたが，パヴロフ(Pavlov, I. P.)の条件づけ(⇒ Lecture 4)によるイヌの気質研究を経て，形を変えながら現在のパーソナリティ(性格)研究の理論的枠組みへと受け継がれています。

パヴロフは，イヌの条件づけで有名ですが，実験の過程で，条件づけができるまでの速さや，一度条件づけられた反応がどの程度持続するかなどで，イヌにも個体差があることに注目し，この個体差がイヌの普段の行動傾向(性格)と関連していることから，イヌの性格を条件づけ過程の個体差で説明ができると考えました。この考え方を基礎として，人間を対象に研究を行ったのがアイゼンク(Eysenck, H. J.)で，彼の性格(パーソナリティ)理論は，現在の代表的な性格理論の1つになっています(⇒ Lecture 9)。

2　ヴントの科学的心理学
──「心理学の目標は心の構成要素を決定することである」

2.1　科学的心理学の兆し──精神物理学（心理物理学）

　19世紀も後半になると，さまざまな科学分野が実証的な方法による客観的な研究法を基礎として発展し，確立し始めます。このようななかで，物理学を学んでいたフェヒナー（Fechner, G. T.）は，精神世界を物理世界に関連づける方法として「**感覚という心的現象を刺激との関係で測定する**」という考え方を思いつきます。この背景には，ドイツの生理学者ウェーバー（Weber, E. H.）が発見した「ある刺激の大きさが変化したときに，それが意識できるような感覚の変化を引き起こすのに必要な量は，常に刺激の大きさの合計に対してほぼ一定の比率をもつ」という法則がありました。フェヒナーは，この考え方を背景に「**外的な刺激と内的な感覚の対応関係を定量的に計測する**」学問を**精神物理学**（心理物理学：psychophysics）と名づけます。この考え方は，刺激に対する感覚の測定を可能にし，それによって科学的な計量心理学の可能性を生み出すことで，ヴント（⇒ 2.2）による科学的な心理学（実験心理学）の成立に大きく影響することになりました。

　たとえば，外的な刺激（音の大きさなど）は，物理量として客観的に測定可能です。そこで，外的な刺激と内的な感覚との対応関係を調べれば，内的な感覚量（感じた音の大きさなど）も客観的に測定できると考えたのです。この刺激と感覚の関係については「フェヒナーの法則」と呼ばれるものがあります。心理的な感覚量（心理量：R）は，物理的な刺激の量（物理量：S）の対数に比例するというもので，次の式で表されます。

$$R = k \log_{10} S$$

対数（log）などの数学的表現が苦手な人は，心理量と物理量が一対一対応ではないということだと理解してください。たとえば，同じ 100 グラムという感覚量（心理量）でも，100 グラムと 200 グラムの違いは誰でも気づきますが，10 キログラムと 10.1 キログラム（10kg + 100g）の違いでは，気づくことが難しいということを対数関係を使って表しています。

2.2　ヴントの科学的心理学の誕生

1879 年，ドイツのライプチヒ大学教授の**ヴント**（Wundt, W.）は，世界で最初の実験心理学の研究室を設立しました。ヴントは，精神物理学を基礎として，それまでの哲学的（思弁的）な心理学とは異なる，実証的な心理学（**実験心理学**）を構想しました。これが，新たな学問分野（科学）としての「心理学」の誕生とされています。

ヴントは，心理学は経験科学であるとし，心理学の研究法として自己観察（内観）を使用しました。そして，心理学の目標は，心を明確に分析し，心を構成している各種の形式（感覚や感情などといった要素）を解明することであると考えました。この考え方を「**構成主義**」といいます。

一方，アメリカ心理学の基礎をつくった**ジェームズ**（James, W.）は，ヴントの実験的手法をアメリカに移入しましたが，彼は「**人間の行動は環境に対する適応の問題であり，意識は新しい環境に対する調整作用である**」と考え，心をそのはたらき（機能）からとらえるべきだと考えました。この考え方を「**機能主義**」といいます。心を構成要素から説明するのが「構成主義」であり，はたらきで説明するのが「機能主義」で，その後の心理学の発展のなかで，それぞれの立場にもとづく理論が展開されることになります。

3　フロイトの精神分析・精神力動論
——「神経症は，思い込みとしての心的外傷による」

3.1　精神分析・精神力動論の誕生の背景

　フロイト（Freud, S.）は，オーストリアの神経科学者でしたが，臨床活動への転向後，神経症をテーマに現在のカウンセリング技法の基礎を生み出しました。

　フロイトは，もとは医学・生理学分野の出身者で，はじめから精神分析を行っていたわけではありません。彼は，若い頃にはウィーン大学で神経科学者として一定の業績を挙げていましたが，ユダヤ人であったことから，当時のウィーンでは大学に研究者として残ることが難しく，医師として開業するときに考えたのが，後に**精神分析**と呼ぶことになる一種の心理療法だったのです。

　フロイトの考え方の背景には，19世紀末のヒステリーの流行の存在があり，彼が学んだフランスの神経科学者シャルコー（Charcot, J.-M.）は，実証的アプローチによって，ヒステリーを研究していました。シャルコーは，催眠を使って，人工的にヒステリーを引き起こす実験によって，ヒステリーが身体（生理）的な原因ではなく，心理的な原因で起こることを示しました。

　19世紀末に関心が高まっていた「ヒステリー」という症状は，身体生理学的には異常がないにもかかわらず，身体機能に麻痺などを引き起こす症状のことで，現在のDSM-5（⇒ Lecture 12）の「身体表現性障害」に相当します。たとえば，ヒステリー性盲と呼ばれていた症状は，眼の機能自体，視神経（眼から脳に情報を送る神経系），視覚野（脳の視覚情報を処理する場所）のどこにも異常がない場合でも，目が見えないという症状が起こるというものです（「心因性視覚

ヒステリーと催眠

　フロイトに精神分析という考え方へのヒントを与えたのは，シャルコーが催眠を使ってヒステリー症状をつくりだしてみせた実験でした。この実験で重要なことは，ヒステリー症状としての身体的麻痺は，催眠状態で与えられた暗示によって引き起こされた現象で，実際に生理的な原因によるものではないということです。つまり，暗示は心理的なものなので，心理的な原因で身体的な症状が生じるということを，シャルコーは実験で示したのです。

　なお，催眠というと非科学的なイメージがありますが，催眠現象は科学的に研究されています。ただし，テレビなどでやっているように，誰にでも催眠がかかるということはなく，一部の催眠にかかりやすい人だけが暗示によって催眠状態に陥ります。そして，この催眠のかかりやすさ（「被暗示性」の強さといいます）には，生得的な傾向があることも知られています。恐山のイタコは，口寄せのために自己催眠状態になる必要があるので，この被暗示性の高さが，ある種の「資質」として必要であるといわれています。

障害」とも呼ばれます）。**身体的・生理的なメカニズムには異常がないのに，機能（はたらき）に問題が起こる**ということが人間では起こるのです（機械に置き換えれば，どこにも故障はないのに，正常に動かないということです）。

　ヒステリーという用語は，現在では専門的には使用されていませんが，現象としては21世紀の現在でもみられるものです。催眠のような暗示によっても，原因が本人にはわからないのに，特定の症状や感覚が生じることがあり，ヒステリーは，これと同じメカニズムで生じているものと考えられています。

3.2　フロイトの精神分析

　一方，シャルコーの研究を発展させたフロイトの精神分析の基本

的な考え方は，以下のようなものでした。

■**無意識的過程の重視**（自分が意識していない欲求や動機によって行動が表出されることがある）

　フロイトは，日常的な錯誤行為（言い間違えなど）に，無意識的な欲求や願望が表れると考えました。たとえば，ある人と話をしているときに，別の人のことを考えていると，思わず話し相手を，その別の人の名前で（無意識に）呼んでしまうなどがその例で，無意識の内容が行動に表出されるというものです。

■**性的および攻撃的衝動の重視**（人間の行動の基本的な動機は性的欲求に起因する）

　人間の行動の基本的な動機（原因）は，性的な欲求や攻撃的な衝動のような，自分自身や社会的に受け入れられないようなネガティブな願望や欲求であると考えました。たとえば，芸術作品も，作者が自分の性的願望を無意識的に形を変えて表現したものと考えます。

■**幼児期体験の重視**（幼児期の経験が，個人の性格や不適応を生み出す）

　幼児期（5〜6歳以前）の虐待などによるトラウマが，成人後には本人は記憶していない（少なくとも思い出せない）にもかかわらず，性格傾向や不適応症状などの原因となると考えました。たとえば，幼少期に厳しくしつけられた子どもが，成長後に他人の失敗に対して許容しない性格になるなどです。

3.3　フロイトの精神分析論の変化

　フロイトは，1895年ブロイアー（Breuer, J.）との共著で『ヒステリー研究』を公刊し，精神分析という新しい考え方を提唱しましたが，初めの頃は，幼児期の外傷体験によって，成人後にヒステリー等の不適応症状が現れると考えていました（事実としての外傷体験原因論）。しかし，臨床体験を積むなかで，フロイトは1900年代の初

め頃から，ヒステリーなどの神経症の原因は，事実としての外傷体験とは限らず，誤った思い込みによる「心的現実」が原因で不適応症状が現れるという考え方に変わっていきます（心的外傷体験原因論）。過去の事実自体を変えることはできませんが，もし事実ではなく，思い込みのような「心的現実」が原因で不適応状態が起こっているのであれば，その思い込みを心理的介入によって修正すれば症状を解消することができます。この考え方が現在の精神分析療法の基礎となっています。

なお，現在，心理学や精神医学の領域では，事実としての外傷体験（トラウマ）によって引き起こされる解離症状（ある種の現実逃避）による不適応症状と，フロイトが考えたような事実ではない（本人にとっては真実の）思い込みの外傷体験によって引き起こされる不適応症状の両方があると考えられています。

フロイトの精神分析論は，現在の臨床心理学的理論と実践の基礎となり，カウンセリングなどの方法を生み出す契機となりました。彼の無意識過程の重視は，人間の心理的過程の研究に新たな視点をもたらしたことは事実です。人間が自分の行動の理由を意識していないことや，見ていても気づいていない＝しかし無意識的には情報を入力していることは数多くあることが確認されています。

しかし，精神分析論は，現在では実証性の乏しさなどの点で，心理学の一分野というよりも，人間を理解するうえでの一種の「思想」として扱われる傾向が強くなっています。フロイトの理論や概念の大半は，彼自身の経験をもとにしたものであり，直感的・経験的には説得力があるかもしれませんが，客観的・実証的には証明できないものが多く，再現性はほとんどありません。行動や不適応の原因として，性的な原因に固執しすぎている点にも，具体的な根拠はありません。

フロイトは，20世紀前半の人間観に大きな影響を与え，臨床心理学の成立に大きく寄与しましたが，その理論は科学的なものというよりも，より抽象的な思想の1つというのが現在の評価です。

4　ゴールトンの個人差研究

　ゴールトン（Galton, F.）は，「進化論」で著名なダーウィンのいとこで，進化論に刺激を受けて，人は（身体的だけでなく心理的にも）なぜ違うのかという「個人差」に注目しました。彼は，19世紀末から20世紀はじめに，次のようにさまざまな研究を行い，心理学だけでなく，行動遺伝学や統計学などの発展にも大きく貢献することになりました。

　現在の心理学で使用されている心理検査や，データ分析で使用する統計的手法である相関や因子分析など，ゴールトンと彼の研究グループが考え出した概念や方法をもとにしたものが数多くあります。能力や行動傾向などの個人差を多面的に測定するアプローチや，これらの分析法の開発などから，ゴールトンは「個人差心理学の父」

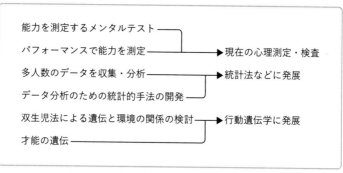

図 2-1　ゴールトンが行った研究例

と呼ばれています。Lecture 8 と 9 で紹介する知能やパーソナリティ（性格）に関する研究には，ゴールトンの影響が大きく関係しているものが数多くあります。また，心理的特徴や行動の遺伝と発達に関する研究で重要な役割をもつ行動遺伝学的研究法も，彼の考え方が基礎の 1 つとなっています（⇒ Lecture 7）。

5　ワトソンの行動主義
—— 「行動はすべて学習によって形成される」

　アメリカの心理学者**ワトソン**（Watson, J. B.）は，心理学が科学的であるためには，客観的に観察可能な「**行動**」だけを対象とすべきであると主張しました。そして，心理学の目的は，「行動」の法則を定式化し「行動」を予測し，コントロールすることであると考えました。

　ワトソンは，「行動」の単位は，**刺激と反応**（S-R）の結合からできていると考え，この刺激と反応の結合は「**条件づけ**」によってつくられると考えました。この条件づけは，パヴロフがイヌを対象に，音とエサ（肉粉）を組み合わせる実験で明らかにした現象を基礎とするものです（⇒ Lecture 4）。イヌは，ある音を聞いても唾液を出すことはありませんが，特定の音を聞かせ，その直後に口の中に肉粉を出してやることを一定回数繰り返すと，その音を聞いただけで唾液を出すようになります。この「音と唾液分泌」が「刺激と反応」の組合せであり，ワトソンは，このような刺激と反応の組合せが人間や動物の行動の基本単位であると考えたのです。

　ワトソンのこのような考え方を「**行動主義**」（Behaviorism）と呼びますが，行動主義では，刺激と反応の結びつきですべての行動が形成されると考えていたので，心理的な傾向を含む人間の行動を経

験説（生後の経験ですべてが決まるという考え方）で説明しました。

　ワトソンは，アメリカ心理学会会長に選ばれたとき，その就任演説で「私に健康な赤ちゃんをくれれば，政治家，科学者，犯罪者など何にでもしてみせる」と豪語しましたが，これは彼の「**経験説的人間観**」を端的に表しています。アメリカにおける「誰でも大統領になれるチャンスはある」といったアメリカン・ドリームのスローガンは，こうした考え方と一致するものです。幸いにして（？）ワトソンに赤ちゃんをあげた人はいませんでしたが，そこまでいうなら，孤児院などから何人か養子を迎えて実証してみせればよかったと思います（もちろん，ワトソンがそれを実行していたら，彼は主張を変えることになっていたでしょうが，その理由は Lecture 7 で説明します）。行動主義では，心理的発達も条件づけ（学習）によると考えられているので（環境主義），生まれつきの個性などは認めていませんでした。

　この考え方は，それが提唱された 1910 年代〜1960 年代まで約半世紀にわたり心理学に大きな影響を与えることになりました。行動主義の考え方は，20 世紀初頭のプラグマティズムや実証主義の流行と合流し，アメリカの心理学は客観主義・経験主義が主流となります。この考え方は，アメリカの環境説的人間観とも結びついていました。

　なお，同じ行動主義の研究者には，後にネズミやハトの条件づけで有名になるスキナーもいますが，彼の考え方は，ワトソンよりもより実際的な側面があります。彼の研究については Lecture 4「学習」で説明します。

　なお，ワトソンの行動主義は，微視的な要素論にもとづいているため，刺激と反応の関係が直接的・固定的であり，その問題点を克服するものとして，その後，刺激と反応の間の有機体（生体）内の

条件を考慮した「新行動主義」が提唱されました。そこでは，個人の状態（個人差を含む）が考慮されることになります。

6　認知革命
――「心は『空白の石版』ではない」

　1950 年代になると，学際的な研究の流れが起こってきますが，それを背景に「人工知能やコンピュータ科学での研究を応用することで，人間の心的プロセスについても検証可能な推論を立てることができる」という考えが 1960 年代に心理学にも広がります。このような流れのなかで，心理学における認知革命が「認知心理学」の成立をもってなしとげられたと考えられています。このような新たな考え方の登場を「革命」と呼ぶのは，心理学の世界で半世紀以上支配的であった行動主義という厳格な考え方からの解放という意味をもつためです。

　ワトソンの古典的行動主義では，行動はすべて過去の条件づけで説明され，認知を行う個人の側の主体性は考慮されていませんでした。新行動主義では，刺激と反応の間にある生体の条件が考慮されるようにはなりましたが，刺激―反応の結びつきが重視されている点については基本的に変わりはありませんでした。しかし，認知革命によって，心理学では人間の主体性が再認識され，行動主義が中心の時代には異端視されていた意識や自己などという本来心理学で扱うべき「内的過程」が，改めて実証的に研究されるようになりました。認知革命の中心的主張を，ピンカー（Pinker, S.）は以下のようにまとめています。

表2-2 認知革命の中心的主張

① 心的過程は「情報」「計算」「フィードバック」という概念によって，物理的世界に位置づけることができる
② 心は「空白の石版」（白紙＝無条件）ではない
③ 無限の多様性をもつ行動は「心のプログラム」の有限の組合せによって生み出される
④ 基盤となる心的メカニズム（基本的構造）は普遍的であるが，それを覆う表層部分（具体的行動）は文化・社会によって異なりうる
⑤ 心は多くの相互作用する部分から構成される複雑な「システム」である

（注）空白の石版というのは，何も書かれていない（遺伝的な規定などがない）という意味です。
（出所）Pinker, 2002.

7　他分野との融合

7.1　行動遺伝学の影響

　メンデルの法則を起源とする生物の形質＝表現型（特徴）の遺伝を調べる一般的な遺伝学，いわゆる形質遺伝学では，直接観察可能なもの＝人間の場合は毛髪や瞳の色などのような生物学的特徴への遺伝的な影響を研究します。一方，行動遺伝学（behavioral〔behavior〕genetics）というのは，心理学が対象とするような広義の行動の遺伝を研究する分野で，人を対象にした場合，行動の個人差（心理学で扱う知能や性格など）の原因や性質について，**遺伝的要因**の役割を解明するものです。

　動物の場合には，サラブレッド，牧羊犬などのブリーディングなどの分野で，すでに特定の形質（能力や行動傾向など）を選択的に強化できることが知られていました。遺伝と環境が行動（心理的過程や能力・行動傾向）に与える影響を科学的に調べる方法は，19世紀末のゴールトンの研究を起源としますが，人間を対象とした場合に

は，家系（血縁）研究や双生児研究などが中心であるため，観察データに頼るしかなく，厳密に統制された研究による遺伝的要因の効果はわかっていませんでした。

しかし，1980年代になると，分子生物学の進歩やヒト・ゲノム計画などにより，遺伝子情報の解明が進むことで，遺伝子情報と人間の心理的形質（能力や性格など）のデータを結びつけて研究することが可能になります。その結果，心理的な特徴についても，遺伝の効果の大きさが推定できるようになりました。このような研究のアプローチが心理学にも波及し，心理学でも行動遺伝学的アプローチによる研究が数多く行われるようになります。

行動主義の考え方を背景にした「経験主義・環境主義」的人間観に対する疑問が，心理学でも1970年代頃から強まってきたこともあり，新たな「遺伝主義」とでもいうべき考え方が広がり，心理学は生物学とこれまで以上に強く結びつくようになっていきます。

7.2 認知神経科学——「心は脳・神経回路によって生み出される」

認知神経科学（cognitive neuroscience）とは，認知（心理的）過程の神経生物学的メカニズムを科学的に研究する分野で，心的プロセスとその行動面への現れ方の神経基盤に特に焦点を当てています。認知神経科学は，心理・認知的機能が「脳・神経回路」によってどのように生み出されるかという視点からアプローチする学問ともいえます。

認知神経科学は「心理学」と「神経科学」の両方から生まれた分野であり，「認知心理学」「心理生物学」「神経生物学」と重なり合う分野です。心理学では，1950年代から脳波のような神経系の電気生理学的手法を応用して脳活動と心的状態の関係について研究してきましたが，近年のfMRI等の脳画像・測定技術の進歩を背景に，

脳・神経系の活動と認知・行動的指標との関係について，より詳細に解明する新たなアプローチとして期待されています。認知神経科学的アプローチも，行動遺伝学と同様，心理学と生物学の結びつきを強めています。

　以上のように，心理学は長い過去と短い歴史をもっています。長い過去とは，アリストテレス以来の心のはたらきに対する関心であり，短い歴史とは，19世紀末以来の科学としての心理学の歴史です。科学的心理学が，素朴な内観からスタートしましたが，現在では脳機能の科学的解明という生物学的色彩を強めているのです。

Lecture 2 のまとめ 📝

- 心理学的問題への関心はギリシア・ローマ時代にまで遡ることができるが，科学的心理学の歴史は1879年，ライプチヒ大学のヴントによる心理学実験室の開設に始まる。
- 20世紀前半の心理学に大きな影響を与えた考え方が，ワトソンの行動主義と，フロイトの精神分析である。
- 行動主義は，心理学の研究対象を観察可能な行動に限定し，刺激と反応（S-R）の結びつきを行動の基本単位とし，行動はすべて学習によって形成されると考えた。
- 精神分析は，行動の原因として無意識の存在を重視し，後の多様な心理療法の基礎を提供した。
- 20世紀後半以降，コンピュータを応用した情報科学，行動遺伝学，認知神経科学など，工学や生物学的な考え方が心理学に大きな影響を与えるようになった。
- 科学としての心理学が誕生し，成立する過程での重要なトピックスとそれに関係する重要な人物・研究者は，おおよそ表2-3のようになる。

表2-3　心理学史年表

心理学の発展	時期	提唱された学説・学問	代表的人物／キー・フレーズなど		その後に与えた影響
科学的心理学以前	紀元前5〜4世紀	デ・アニマ	アリストテレス (BC384-322)	心とは生物の能力の原理であり、それらの能力…感覚能力、思惟能力、運動能力によって定義される	
		体液説	ヒポクラテス (BC460ca-370ca) (西洋医学の始祖)	人間の体液は、血液を基本に「血液」「粘液」「黄胆汁」「黒胆汁」の4つからなり、そのバランスが崩れると病気になる	ガレノス
	紀元2世紀	四気質説	ガレノス (129ca-199ca)	「四体液」のバランスが個人の気質（性格の基礎）を生み出す	ヨーロッパの伝統的気質論
	19世紀〜	精神物理学／心理物理学	フェヒナー (1801-1887) (ドイツの生理学者)	心（感覚量）も物と同様に客観的に測定できる	ヴント
科学的心理学の出現	1879	実験心理学構成主義	ヴント (1832-1920) (実験心理学の父)	心理学の目標は、心の各種構成要素を決定することである	科学的心理学
	19世紀末	機能主義	ジェームズ (1842-1910) (アメリカ心理学の祖)	人間の行動は環境に対する適応の問題であり、意識は新しい環境に対する調整作用である。心はそのはたらき（機能）からとらえるべきだ	機能主義心理学
個人差研究		個人差心理学（家系研究や双生児研究）	ゴールトン (1822-1911) (イギリスの心理学・博物学者。個人差心理学の父)		心理測定・検査、遺伝学、統計学アイゼンク
		ヒステリー研究（催眠による）	シャルコー (1825-1893) (フランスの神経科学者)	ヒステリー（神経症）は身体（生理）的現象ではなく心理的な原因で起こる	フロイトジャネ
精神力動論	19世紀末〜1970頃	精神分析心的外傷体験原因論	フロイト (1856-1939) (オーストリアの神経科学者)	神経症は、誤った思い込みによる「心的現実」が原因で現れる	臨床心理学的理論の基礎
	20世紀初め	古典的条件づけ (S-R)	パヴロフ (1849-1936) (ロシアの生理学者)	大脳皮質の興奮と抑制	ワトソン
行動主義	1920〜1960頃	行動主義心理学（経験主義・環境主義）学習優位説	ワトソン (1878-1958) (アメリカの心理学者)	行動はすべて学習によって形成される（私に健康な赤ちゃんをくれれば、政治家、科学者、犯罪者など何にでもしてみせる）	プラグマティズムや実証主義の流行と合流→客観主義・経験主義・環境主義

新行動主義	1950〜	S-O-R	トールマン ハル スキナー	刺激と反応だけでなく，個人の状態も含めて考えなければならない	認知心理学
認知革命	1960〜	認知心理学	ブルーナー ナイサー	心は「空白の石版」ではない（個人の側の主体性を考慮した心理学） （情報処理装置としての心）	
他分野との融合	1980〜	行動遺伝学	プロミン レーリン	形質遺伝学から心的・行動の遺伝学へ	生物学との融合
	1990〜	認知神経科学	ガザニガ ダマシオ	心は脳・神経回路によって生み出される	脳神経科学との融合

Lecture 3

心理的発達
生まれる前から始まる育ち

Development

1　心理的発達とは

1.1　生涯にわたる成長と変化

　心理学では，発達を「受精から死に至るまでの個人の行動の変化」と定義しています。この定義では，一般的な意味での「一生」の間に観察される個人の行動（心理）面での変化が「発達」として考えられており，日常的な類似した用語である「成長」とは異なります。「成長」という用語のなかには，プラス方向への変化というニュアンスが含まれているのに対して，心理学での「発達」は，成長だけでなく，生涯にわたるがゆえに避けることのできない，機能の低下，衰退（老化）といったマイナスの変化をも含んでいる点に注意してください（図3-1）。

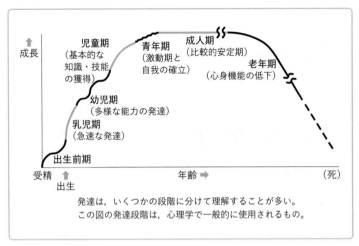

図 3-1　心理的発達の過程

表 3-1　発 達 段 階

出生前期：受精から出生までの胎内にいる期間（約 10 カ月）
・卵体期：受精から子宮内壁への着床まで（受精後〜2 週目まで） ・胎芽期：目，心臓，神経系の基本的な構造ができる（2〜8 週目まで） ・胎児期：（受精後 9 週目〜出生まで：約 30 週）
乳 児 期：出生から，立つことができるまでの期間（0〜1 歳頃）
幼 児 期：立ち上がってから，小学校入学まで（1〜6 歳頃）
児 童 期：小学校入学から，第二次性徴の出現まで（7〜12 歳頃）
青 年 期：第二次性徴の出現から，アイデンティティの確立まで（12〜22 歳頃）
成 人 期：アイデンティティの確立から，老化現象が明確になるまで（23〜65 歳頃）
老 年 期：老化現象が明確になってから，死に至るまで（65 歳以降）

（注）各段階の年齢は一般的な目安であり，実際には幅があります。

1.2 心理的発達の段階

　発達過程は連続的なものですが，発達的な変化には，時期（段階）によってそれぞれ特徴があります。本章では，**図 3-1**，**表 3-1**に示した心理学での一般的な段階区分に沿って説明をしていきます。

　各発達段階には，その時期に解決すべき**課題**があり，その課題への対処が，それ以降の発達と適応に影響を与えることになります。

2　出生前期

2.1 出生前期の発達

　かつては，発達を一般的に「出生」からとしていましたが，近年の研究で，出生前の時期の重要性が明らかになってきたため，「受精」を発達の開始とする考え方が強くなっています。

2.2 性染色体による性分化と脳機能の性分化

　生物学的な性は，受精によって決定するわけではなく，受精によってつくられた「胎児原基」は，どちらの性にも発育できる特徴をもっています。また，性染色体によって遺伝的な性が決まっても，すぐに生物学的に女性・男性に区別されるわけではありません。胎齢（受精してからの期間）4〜5週目に，後に性腺となる性腺原基（後に卵巣あるいは精巣に発育していく細胞を含む）が認められ，まずこの性腺原基が精巣と卵巣のどちらに分化するか（性腺分化）が性分化のはじまりといえます。

　そして，出生前期の前半から半ば頃（脳神経系の発達の臨界期）の胎内のテストステロン濃度に，脳機能の性分化が大きく影響を受けることが知られており，認知スタイルや行動といった心理的側面に，テストステロンの影響がみられることもわかってきました（➡

Lecture 10）。ここで重要なことは，意識，行動として表れる男性性，女性性は，（性染色体によって決まる）生物学的な性とは同じとは限らないということです。

なお，「ジェンダー」は社会的な性の概念で，ここで扱う「性」とはまた別の要素として考えていく必要があります。

3　乳　幼　児　期

3.1　乳児期──出生から1歳頃まで

出生によって，母体内から外界へと環境は大きく変化し，それに適応するために，乳児期には急速な発達がみられます。外界からの刺激に反応する視覚などの感覚が発達し，自分の周囲の世界を認知し始めます。表3-2に乳児期の発達的特徴を示しました（時期は，平均的な目安であり，個人差が大きいことに注意してください）。

乳児期の発達で最も重要な課題となるのは，基本的信頼の形成です。子どもが表情や体の動きなどで示す欲求に応えて，母親などの身近にいる大人が適切にかかわることで，乳児と大人との間に**基本的信頼**という情緒的な絆が形成されます。これは対人関係の第一歩で，自分を受容し，人を信頼する力へと発展します。

生後3カ月頃には，動くものを目で追えるようになります。微笑みも，あやすと笑うなど社会的な意味をもち始めます。要求への対応や大人からのはたらきかけに対して，**快と不快の感情が分化して**きます。

5カ月を過ぎると，生理的な快・不快感を表現するために，感情を訴えるような泣き方をしたり，大人の顔を見て笑いかけたり「アー」「ウー」（喃語の発生）などと声を出したりするなど，次第に社会的・心理的な表現方法へと発達します。

表 3-2　乳児期の発達的特徴

> ・乳児期全般：対人的な基本的信頼が形成される
> ・3 カ月頃：快・不快の分化が起こる
> ・5 カ月過ぎ：喃語が発生する
> ・6 カ月頃：人見知りが始まる
> ・7 カ月過ぎ：喃語が増える，大人の身振りのまねをする
> ・9 カ月頃：探索活動の活発化，自分の意思や欲求を伝えようとする
> ・1 歳前後：つかまり立ち，簡単な言語の使用をする

　6 カ月を過ぎる頃には，身近な人の顔がわかるようになり，あやしてもらうと喜び，**人見知り**をするようにもなります。座ったり，はうといった姿勢や運動の発達によって，子どもの遊びや生活は変化します。

　7 カ月頃から 1 人で座れるようになり，座った姿勢で両手が自由に使えるようになります。見慣れた人には，その身振りをまねたり「ハイハイ」をして近づいたりして，積極的にかかわりをもとうとします。こうした大人との関係のなかで「喃語」は変化に富み，ますます盛んになります。

　9 カ月頃には，探索活動が活発になるだけでなく，簡単なことばが理解できるようになり，自分の意思や欲求を身振りなどで伝えようとするようになります。

　1 歳前後には，つかまり立ち，伝い歩きもできるようになり，喃語も，会話らしい抑揚がつくようになって，次第にいくつかの身近な単語を話すようになります。

3.2　幼児期——1 歳から 6 歳頃まで

　幼児期には，まだプリミティブな段階ですが，人間としての基本的な能力が備わってきます。表 3-3 にあげた特徴の多くは，人間が他の動物とは大きく異なる点でもあります。

表 3-3　幼児期の発達的特徴

身体運動的機能	走る，跳ぶ，投げるなど，日常生活で必要となる基本的技能を獲得する。
心理的側面	日常生活に必要な基本的な表現力（言語能力）を獲得し，理解力も身につける。
社会的能力	対人的なルールを理解できるようになる。
「概念」の獲得	（素朴なレベルで）抽象的なことも理解できるようになる。たとえば「大きい─小さい」などでは，「アリはイヌより小さい」だけでなく，「大きいアリ」や，「小さいイヌ」といったような「大きさという概念」が理解できるようになる。
「心の理論」の獲得	他者の意図や欲求，感情といった心的状態を理解し，他者の行動を，その人の心的な原因から理解できるようになる。 「心の理論」の理解を前提として，他者の行動を，意図や欲求などといった一時的な心的な原因によって理解できるだけでなく，持続的な属性（性格のような，その人の特徴）からも理解できるようになる。
自己意識の発達	自己意識という再帰的な意識によって，自己を対象化できるようになり，自分の行動（欲求や感情など）についても，ある程度客観的に理解できるようになる。

■1 歳 児

　1歳を過ぎると，つかまらずに歩けるようになり，使用できる運動機能も増加します。その結果，生活空間が広がり，身近な人や身の回りにあるものに自発的に働きかけるようになります。その過程で，生活上で必要な数多くの行動を身につけていきます。たとえば，身近な人の行動を模倣する，指でつまむ，ものをめくる，ボタンなどをはずす，なぐり書きをする，ものを転がす，スプーンなどの道具を使う，コップを持つなど，運動の種類（レパートリー）が確実に増えていきます。1歳後半には「マンマ，チョウダイ」などの二語文も話し始めるようになります。

2歳頃までには，大人の言うことがかなり理解できるようになり，呼びかけたり，拒否を表す片言を使うようになって，ことばで表現できないことは，指さしや身振りなどで示そうとします。ボールやオモチャのやりとりや，取り合いも多くなります。また，あるものを他のもので見立てる（ごっこ遊び）など，その後の社会性やことばの発達にとって重要となる行動が増加し，象徴機能が発達していきます。感情面でも，他の子どもに対する愛情だけでなく，嫉妬心や競争心もみられるなど，情動の分化が表れてきます。また自発性が高まることで，いたずらなども増えます。

■2 歳 児

走る，跳ぶ，投げるなどの基本的な運動機能が発達し，身体運動のコントロールも上達するので，リズミカルな運動や音楽に合わせて体を動かすことを好むようになります。語彙が増加し，発声もより明瞭になるため，日常生活に必要なことばもある程度わかるようになり，自分の欲求を言語で表すことができるようになります。

■3 歳 児

基本的な運動能力や，話しことばの基礎ができ，食事・排泄などもかなり自立できるようになって，1人の独立した存在として行動するようになり，自己主張（自我）が明確になってきます。遊びのなかで他の子どもとの関係が重要になってきますが，他の子どもと同じ遊びをする「並行遊び」が中心で，役割分担のような相互作用はまだみられません。しかし「ごっこ遊び」が増え，「なぜ」「どうして」といった質問が増えてきます。この時期を中心に，2歳から4歳にかけて，自己意識の芽生えとともに第一反抗期が現れます（➡ Column ❷）。

■4 歳 児

他者の目に映る（見られている）自分というものに気づき，自己

第一反抗期は重要

　あるときまで天使のように可愛かった子どもが（天使のすべてが可愛いわけではありませんが），ある頃から悪魔のように親の言うことをきかなくなります。「何かをしてね」と言えば「いやだー」と言い，「それはしちゃだめ」と言えば「やるー！」と，ことごとく親に逆らい始めます。これが第一反抗期の始まりです（第一とついているのは，後でもう一度反抗期があるからです）。

　何を言っても逆らう子どもを見て，親は「何でも言ったことと反対のことをするならば」と考えて，おもちゃを片づけようとしない子どもに「おもちゃを片づけなくてもいいよ」と言うと，子どもはよろこんで，もっと散らかし始めます。子どもは，単に言われたことの反対のことをしているのではなく，親を困らせているのです。なぜかというと，自我が芽生えてきた子どもは，自己主張（悪さや抵抗）をすることによって，自分の行動に親が困ったり怒ったりするのを見ることで，自分の主体性・独自性を確認できるからです（自覚はしていませんが）。第一反抗期は，子どもが人間としての「個」を確立していく第一歩ともいえる重要な時期なのです。

　自分の姿は鏡に映してはじめて見えるように，親の反応によって，自分の存在を確認することができるのです。その意味で，物わかりがよすぎる親は，鏡の役割を果たしていないので，親は鏡でなければ──だめなことはだめと言わなければ──いけません。

意識が明確になってきます。自己意識というのは，自分を対象化して意識することで，人間にほぼ固有の認知能力とされています（プリミティブなものは，一部の霊長類や鳥類にもみられます）。しかし，生まれつき自己意識があるわけではなく，幼児期の中頃に発達してくると考えられています。

　自己意識は，リカーシブ（再帰的）な意識とも呼ばれ，何かを意識する自分を意識するというように，入れ子構造になった意識です。これは「心の理論」や「視点取り」と類似したもので，自分自身を

他者の目で見ることでもあります。自己概念が形成されることで，自分の個人としての主体的な体験の記憶ができるようになります（➡ Lecture 5 の「自伝的記憶」）。

　同じ頃，他人にも目には見えない心（自己意識や欲求など）があることに気づき，身近な人の気持ちが理解できるようになります。これは「心の理論」が発達していることを示しています（➡ Lecture 1 の「サリーとアンの課題」）。

■5〜6歳児

　内面的にも成長し，大人に「だめ」と言われなくても，自分で考えて善悪などの判断ができる基礎が培われてきます。行動を起こす前に考えることもできるようになり，自分や他人を批判することもできるようになるので，「ずるい」とか「おかしい」など不当だと思うことをことばで表すようになります。他の子どもとの遊びなどでも，役割分担が生じて，自分の好みや個性に応じた行動をしている姿がしばしばみられるようになります。集団遊びでは，さまざまな異なる役割が分化している「共同遊び」が多くなり，ごっこ遊びなどでも，複雑な内容の遊びを好むようになります。

4　児 童 期

4.1　児童期の変化

　児童期は，小学校入学から，第二次性徴の出現前までの期間に該当します。（なお，小学生の時期を児童期に相当するとして「学童期」と呼び，中学生以降を「青年期」と考える研究者もいます）。

　児童期になると，生活時間の多くを集団生活（学校生活）が占め，社会的環境が大きく変化するため，集団のなかでの自己の位置づけや役割をみつけることが重要になります。家庭内とは異なり，one of them の存在として，自分のポジションや役割をみつけること，つまり，それまでの家庭内での自分中心の世界観からの脱却が必要になります。もちろん，それ以前も幼稚園や保育園で集団生活を経験していますが，小学校入学以降は，学校などの組織や集団にどのように適応していくか，自分なりの適応のしかたや友人との適切な関係のもち方をみつけられるかが，発達上の大きな課題となります。また，学校では知識の習得をはじめとしてさまざまな課題が課されるため，それを解決していくことが求められます。

4.2　児童期の発達課題

　児童期に獲得すべき主要な発達上の課題を表 3-4 に示しました。

■児童期初期

　小学校低学年の時期の子どもは，幼児期の特徴を残しながら「大人に『いけない』と言われたことは，しないようにする」といったように，大人の言うことを守るなかで，自分でも善悪についての理解と判断ができるようになっていきます。また，言語能力や認知能力も発達し，自然や事物等への関心が増える時期でもあります。

　また，他者や場面との関係のもち方という社会性を自分なりに十

表 3-4　児童期の主要な発達課題

初 期	知識・社会的規範の習得集団への適応	・善悪の判断や規範意識（「人としてやってはいけないこと」についての知識と感性，集団や社会のルールを守る態度など） ・自然や美しいものに感動する心など（情操）
中期〜後期		・抽象的な思考への適応や，他者の視点に対する理解 ・自己肯定感の獲得 ・自他の尊重の意識や，他者への思いやり ・集団における役割の自覚や，主体的な責任意識 ・体験活動を通じた実社会への興味・関心

分身につけることができないまま小学校に入学することによって，周りの児童との人間関係をうまく構築できず，集団生活になじめないという問題が顕在化しやすい時期でもあります。

■児童期中期～後期

小学校高学年の時期には，ものごとをある程度対象化して認識することができるようになり，自分のことも客観的にとらえられるようになります。

公的集団（学校，クラス）と私的集団（友人，遊び仲間）のなかでの自分の役割を，必要に応じて切り替えるという，ある意味で複数の役割の使い分けも重要になってきます。遊びを通じて，社会的関係のつくり方を学習し，自己概念を形成する時期でもあります（社会性の発達）。

自己と他者の関係のあり方や，他者からの自己評価を受容し，客観性のある自己イメージを形成していくことが重要になります。身体的にも成長し，自己肯定感をもち始める時期ですが，反面，発達の個人差も大きくみられるため，周囲の子どもと自分を比較し，自己に対する肯定的な意識をもてずに，劣等感をもちやすくなる時期でもあります。

また，クラブ活動など集団活動に主体的にかかわったり，遊びなどでは自分たちで決まりをつくり，ルールを守るようになります。一方，ギャングエイジともいわれるこの時期は，閉鎖的な子どもの仲間集団を形成し，付和雷同的な行動がみられることもあります。

さらに，実体験を通じて社会への興味・関心をもち始める時期でもあります。現在の日本の小学校高学年の時期における問題としては，インターネット等を通じた擬似的，間接的な体験が増加する一方で，人やもの，自然に直接ふれるという実体験の不足による現実的な対処能力の低下が指摘されています。

5 青 年 期

5.1 青年期の身体的・生理的変化

青年期は，第二次性徴の出現から，アイデンティティの形成までの期間に該当します。一般的には，小学校の終わり頃から中学入学前後に始まり，20代の前半（大学生の場合は卒業する頃）までの約10年間程度です。

青年期の開始が，身体的成熟によって始まることは，偶然ではありません。第二次性徴の出現は，身体的に成熟したことを意味し，児童期までとホルモンのバランスが大きく変化します。特に，青年期のはじめ頃（10代はじめから半ば頃）は，ホルモンの分泌量が種類によって安定期の数倍，または半分以下など，急激に増減する場合があり，このような生理的変化は，必然的に脳に影響を与え，その結果，感情的に不安定になることがあります。こうした生理的変化は，個人差が大きいため，この時期に感情的に非常に不安定になる人もいますが，特に大きな変化を感じない人もいます。いずれにしても，身体的・生理的変化は，必然的に自己に関心を向けさせる契機にもなります。

5.2 青年期の発達課題

青年期の発達上の課題としては，表3-5のようなものがあります。
■自己意識の高まり

自己への関心が高まることで，自己意識が強くなり，青年期になると第二反抗期が現れます。第二反抗期も「自己主張」の表れですが，幼児期にみられた第一反抗期と比べ，青年期では，反抗の対象の拡大，反抗内容の多様化がみられます。

表 3-5　青年期の主要な発達課題

前 期	・日常生活のなかでの経験を通して自己をみつめ，自らの個性や適性に気づき，自らの課題と向き合うことで自己のあり方を考える ・社会の一員として他者と協力し，自立した生活を営む力の基礎を身につける ・法やルールの意義を理解し，公徳心を養う ・自己への関心や自己意識の高まりを，健全な自己像に発展させる ・第二反抗期を解決する
後 期	・アイデンティティの獲得 ・社会のなかで，自らの個性・適性を伸ばしつつ，自分の生き方について考え，主体的に進路を決定する ・他者の善意や支えに対して感謝の気持ちをもち，それに応える ・社会の一員としての自覚をもった行動をとる

　反抗対象の拡大とは，第一反抗期の反抗の対象が，主として親であったのに対し，青年期には，教師，学校，社会的慣習，政治体制など，さまざまな人や社会的存在へと拡大することです。反抗内容の多様化とは，幼児期の反抗では，親を困らせることで自己主張をしていたのが，青年期には，校則に反発したり，現在の政治体制に反対するデモに参加するような，具体的な反抗行為だけでなく，自分や社会に対する問題意識をもち，それについて本を読んで調べ，理論武装するような内面化された反抗もみられるということです。

　つまり，青年期の反抗は，具体的な行動として反抗するだけではないため，表面的には反抗期とはわからない場合もあります。

■自己意識と脳内活動

　中学〜高校時代に，鏡やショーウィンドウのガラスなどに映る自分の姿を強く意識した経験があるでしょう。こうした自己意識の高まりは，実は脳レベルでの発達的変化が背景にあります。脳機能イメージング技術の発達で，2000 年頃から自己意識にかかわる脳活動計測を行った研究が数多く報告されるようになりました。

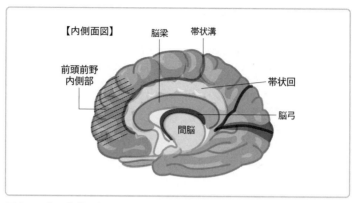

図 3-2　自己意識に関する脳部位

　自己意識にかかわる脳領域は，前頭前野内側部，前・後部帯状回皮質，および楔前部（けつぜん）を含む大脳皮質正中内側部構造（主に２つの半球に挟まれた内側）であることが報告されています。青年期には，この領野の神経細胞間のネットワーク，主に前頭前野内側部（図3-2の斜線部分）が，非常に高く活性化することがわかっています。

■アイデンティティの獲得

　第二反抗期も過ぎ，青年期の後半には，この時期の最大の課題である「アイデンティティ」（identity）の獲得があります。アイデンティティというのは「自我同一性」あるいは「自己同一性」とも訳されることがありますが，日本語にしても意味はよくわからないでしょう。アイデンティティの基本的な意味は，「自己定義」です。つまり，自分はどのような人間であり，どのように生きていくのかという手段や目標を，自分なりに明確にもつことを意味します。別の表現をすれば，「自分の可能性と限界を認識する」ということです。ここで重要なことは，可能性というプラスの面と，限界というマイナスの面の両方を，的確に認識できるかということで，どちら

か一方だけでは，適切なアイデンティティの獲得にはなりません。

■アイデンティティ獲得への猶予期間

　青年期の後期になれば，自動的にアイデンティティが獲得されるというわけではありません。アイデンティティの形成には，ある程度，試行錯誤の時間が必要です。これを「モラトリアム期間」と呼びます。モラトリアムという用語は，本来は経済用語で，銀行などの「支払い猶予」を意味しますが，心理学では，アイデンティティの獲得までの猶予期間という意味で使用されています。

　アイデンティティの獲得は，心理的な発達上の大きな課題であるため，頭で考えたからといって答えが出るとは限らず，一定の時間と経験が必要になります。近代社会における典型的なモラトリアム期間は大学生時代であり，一般成人と同等の権利を与えられながら，社会的義務は最小限であるというように，まさに試行錯誤を許された猶予期間となっているといえるでしょう。

　このアイデンティティ獲得までのモラトリアム期間の試行錯誤には，さまざまなパターンがありますが，代表的なものを表3-6に紹介します。

　モラトリアム期間に試行錯誤をした結果，自分の可能性と限界を見極め，アイデンティティを獲得した場合は，自分自身を客観的にとらえることで自分の生き方の方向づけができるため，順調に次の成人期に進むことになります。もちろん，一度アイデンティティを獲得しても，その後，適宜その修正は起こります。

　アイデンティティの拡散の場合は，時間をかければアイデンティティ獲得に進める場合もありますが，試行錯誤のなかで自分を見失って，不適応に陥ってしまう場合もあります。

　モラトリアム人間は，モラトリアム期間のメリットを享受し，問題を先延ばししているので，時機を逸するとアイデンティティを獲

表3-6　アイデンティティ獲得までの各種パターン

アイデンティティの獲得	さまざまな試行錯誤をするなかで，自分なりの可能性と限界に気づき，自分のアイデンティティをみつけることができた場合
アイデンティティの拡散	試行錯誤をする過程で，自分のアイデンティティがわからなくなってしまった場合
モラトリアム人間	モラトリアム期間は居心地がいいので，その状態を維持しようとして，アイデンティティの獲得を先延ばしにしてしまう場合
早期完了	モラトリアム期間の試行錯誤を経ずに，すでにアイデンティティを獲得している（と思っている）場合
イミテーション・アイデンティティ	自分の可能性と限界を直視せず，仮の自分という形で，そのつどの仮のアイデンティティをみつけ，実際には明確なアイデンティティを獲得していない場合

得できず，不安定な生き方へとつながる可能性があります。

　早期完了というのは，モラトリアム期間に試行錯誤する以前からアイデンティティが決まっているのですが，多くの場合，自分で獲得したというよりも，周囲（親や社会など）の価値基準によって自分のアイデンティティを決めています。自分で主体的にみつけていないため，思ったようにいかない場合も多く，その場合には不適応に発展することがあります。

　イミテーション・アイデンティティは，その都度自分のアイデンティティを「仮に」決め，その背後に根拠のない肯定的な（架空の）アイデンティティをもっている状態です。その特徴は，自分の可能性と限界を見極めようとはせずに，自分に都合が悪い場合は「仮の自分」として処理することで「本当の自分は違う＝もっとすごい」という架空のイメージをアイデンティティとしていることです。たとえば，第一希望の企業に就職できず，仕方なく希望していなかった企業に入社した自分を「これは仮の姿で，本当の自分はもっとす

ごい」と考えるのは，典型的なイミテーション・アイデンティティ
であり，自分の現実の姿（希望した企業に採用されない自分）を自己
概念にとり入れていません。しかし，アイデンティティは「自分の
可能性と限界を認識すること」によって獲得できるものであり，受
け入れたくない面（限界）もみない限り，アイデンティティを獲得
することはできないのです。

6　成　人　期

　成人期は，アイデンティティの獲得後から，老年期の開始前まで
に相当し，現代社会では約40年前後という，最も長い期間になり
ます。成人期には，身体的機能と同じように，心理的機能もほぼ完
成し，安定期ともいえます。ただし，身体的にも，心理的（認知的）
にも一部の機能は成人期の中頃（40代半ば頃）から次第に低下を始
めます。かつては，成人期には家庭をつくり，子どもを育てること
が発達課題とされていました。しかし近年，先進国の多くでは，婚
姻率の低下や，子どもをもたない夫婦など，ライフスタイルの多様
化とともに，成人期の発達課題自体も多様化しています。そのよう
ななかでも変わらない発達課題は，「（青年期の終わり＝成人期のはじ
めに獲得した）アイデンティティの再確認・再構築」であり，40歳
前後の人生の折り返し点で，自分の生き方をみつめ直し，このまま
でいいのか，別の生き方を考えるのか，自分自身の今後の方向性に
ついて考える時期でもあります。
　成人期は比較的安定している時期だといいましたが，成人期の中
頃には，アイデンティティを見直すことによって，転職や離婚など
につながる場合もあり，それが契機となって，不適応などの心理的
問題に至る場合もあります。これを「中年期の危機」と呼びます。

欧米諸国の離婚率の高さ（50%以上の国も多い）は有名ですが，これは単に夫婦関係が不安定ということを示しているとは限らず，自分自身を誠実にみつめ直した結果，今後生涯をともにするパートナーとして現在の相手は適切かという，アイデンティティの再確認の結果である可能性もあるのです。このような場合，感情的な理由での離婚ではないため，その後も友人関係を維持できたりします。

　このような視点からみると，日本の離婚率が比較的低いのは，自分のアイデンティティよりも，世間体や子どものことなど，自分以外のことを優先しているためかもしれません（それ自体は，特にいいとか悪いとかを判断できませんが）。アイデンティティの重要性は，社会や文化によって異なりますので，一般化はできませんが，心理的発達のうえでは，大きな意味をもっています。

7　老　年　期

　平均的には，60歳から65歳前後以降を，老年期または高齢期と呼びます。すでに，成人期の後半から，認知機能，身体機能の両面で機能の低下は始まっていましたが，老年期になると，その低下は明らかになってきます。ただし，すべての側面で低下，衰退するわけではなく，高齢になることで得られる経験にもとづいた英知や知恵のような統合的な知性の側面に注目した研究もあります。

　心理的側面の老化としては，「認知的能力の低下」，特に記憶力の低下や，「パーソナリティの硬直化」が指摘されており，対人的・社会的な問題につながる場合もあります。

7.1　認知的能力の低下
　認知機能は，記憶力の低下が最も顕著ですが，これは記憶を担う

脳自体の老化（特にシナプス結合の衰退）が背景にあります。記憶でも，すべての機能が低下するわけではなく，記憶する（符号化と呼びます）過程の機能に問題が増えてきます（符号化というのは，覚え込む段階です）。したがって，新しいことを学習できない，昔のことはよく覚えているが，最近のことは思い出せない（記憶していない）ということが起こります（記憶に関しては⇒ Lecture 5）。

7.2　パーソナリティ（性格）の硬直化

　老年期になると，パーソナリティの柔軟性が低下し，かつ極端な形で表出されることが多くなります。個人のパーソナリティはさまざまであり，普段は相手や場面に応じて，ある程度コントロールして表出されていますが，老年期になると，この柔軟性やコントロール能力が低下し，相手や場面を考えず本来もっている傾向がそのまま表出されたり，その傾向がさらに強まったりします（もともと細かいことに気づく人は，さらに口うるさくなるなど。パーソナリティについては⇒ Lecture 9）。

7.3　老年期の適応

　老年期になると，認知的・身体的機能が低下し，以前はできたことが，徐々にできなくなるなど，本人にとってもストレスがたまりやすくなります。このときに問題となるのは，自分自身の自己評価と周囲の人からの評価のズレの大きさです。ほとんどの場合，自己評価のほうが高いので，周囲の人の評価を自分に対する侮辱や否定と受け取る傾向があります。身体的機能の低下（老化）は，自他ともに認識しやすいので，自己評価と周囲の他者による評価に大きなズレはないことが多いため，特に大きな問題は起こりませんが，心理的機能（思考力や記憶力，パーソナリティの柔軟性など）の低下は，

それ自体はみえにくく自覚することが少ないため（本人には，それを認めたくないという気持ちもはたらいている場合もあります），自分自身の評価と，周囲の人による評価が大きく異なる場合が多く，老年期の人の適応を妨げる大きな要因となることがあります。

　老年期には，それまで以上に自分を客観的にみることができることが，適応した生活には重要だということです。誰でも生きていれば，いずれは老年期を迎えます。充実した老年期は，それ以前の発達段階でのさまざまな発達課題に対して，どのように向き合い，対処してきたかということに大きく影響を受けているのです。

Lecture 3 のまとめ

- ・心理学では，発達を「受精から死に至るまでの個人の行動（心理）の変化」と定義している。
- ・胎児期は，胎内の生化学的条件（ホルモン環境）が脳神経系の発達に影響を与え，生物学的な性とは別の心理的・行動的な性指向が形成されることがある。
- ・乳児期は，対人的な基本的信頼の形成，言語の基礎，コミュニケーションの始まりがみられる。
- ・幼児期は，身体運動機能，心理認知的機能の両面で，人間としての基本的能力を獲得する。また，「心の理論」の獲得によって，他者の行動を心的な原因から理解できるようになり，自己意識が芽生えてくる。
- ・児童期は，集団生活への適応が大きな課題となる。
- ・青年期は，自己への関心が高まり，アイデンティティを形成する時期だが，その過程で適応上さまざまな問題に直面する。
- ・成人期は，一見安定した時期であるが，潜在的には課題も存在しており，その後の適応上，重要な時期である。
- ・老年期は，心身ともに機能が低下するなかで，そのような自己をどのように受容し，適応していくかが重要となる。

Lecture 4

学　　習
経験による行動の変容

Learning

1　学習とは何か

　「学習」という概念は，日常的に使用している「勉強」と同じような意味ではありません。たとえば，人が日常的に使用している言語（母語）は，「勉強」ではなく「学習」の結果獲得されたものです。実は，人間の行動のほとんどは，学習によって形成されたものです。この学習能力が非常に高いことが人間の最大の特徴といってもいいでしょう。人間以外の動物にも学習能力はありますが，人間に比べれば限界があります。人間の社会や文化，そして能力や行動の多様性を生み出している原因の 1 つは，学習です。したがって，人間の行動を科学する心理学にとっても学習は重要な概念なのです。

1.1 「経験」による「行動の変化」

　心理学において，学習とは「経験による比較的持続的な行動の変化」と定義されます。

　「行動の変化」とは，それまではできなかったことが，できるようになるという行動の変化であり，言語でいえば，話せない状態から，言語が使える（理解できる）状態になることです。周囲で話されている言語を聞くことや，それを模倣することなどが「経験」にあたります。

　「**経験による**」というのは，何らかの先行する経験がないと学習は生じないという意味であり，生物学的にプログラムされていて，時期が来れば現れる「成熟」とは区別されます。たとえば，Lecture 3 で扱った青年期の開始の指標となる第二次性徴の発現は，最低限の栄養条件さえ確保されていれば，時期が来れば誰にでも起こることであり，学習の結果ではありません。

1.2 「比較的持続的」とはどういうことか

　楽器を演奏できることや，自転車に乗ることができることは，学習の結果ですが，練習（経験）が必要です。そして，ピアノを練習して一定のレベルまで弾けるようになると，1〜2週間練習をしなくても，またピアノを弾くことはできます。一度自転車に乗れるようになると，数カ月乗っていなくても，またすぐに乗ることができます。このように，一度行動が変化（つまり学習が成立）すると，それが維持される傾向があり，これを「持続的」といっています。

　しかし，ある程度ピアノが弾けても，何年もピアノに触れないでいると，演奏技術は格段に低下します。自転車の場合は，比較的維持されやすいほうですが，数十年のブランクがあると，ふらつくなど，すぐには以前のようにスムーズに乗れないことがあります。こ

のように，学習による行動の変化は恒久的ではなく「比較的」持続するものがほとんどです。また，発達初期に学習によって獲得した技能ほど，時間が経過しても維持できる傾向があります。

1.3　さまざまな学習のメカニズム

　学習が起こるメカニズムは1つではありません。たとえば，ピアノを弾くことと，自転車に乗ることは，どちらも運動技能が関係していますが，学習の過程は同じではありません。つまり，学習といっても，経験による行動の変化にはさまざまなメカニズムが働いており，すべてが同じように起こるわけではないのです。

　パヴロフのイヌが音を聞いて唾液を出すことと，サーカスのライオンが火の輪くぐりをするのは，どちらも学習の結果ですが，イヌもライオンも生まれつきそのような行動をとるわけではなく，ある種の経験（訓練）の結果，行動が変容したもので，それぞれ異なるメカニズムによって起こった行動の変化です。

　そこで，代表的な学習のメカニズムについて，みていくことにしましょう。

2　学習の基礎──連合による学習

2.1　ソーンダイクによる学習の基本原理

■問題箱と試行錯誤学習

　ソーンダイク（Thorndike, E. L.）は，1898年よりネコを問題箱に入れる実験を行うことによって，学習の基本原理としての「試行錯誤学習」を提唱しました。

　問題箱の実験では，空腹のネコを，柵で囲まれた箱（問題箱）の中へ入れ，外側に餌を置いておきます。箱の中にはレバーがあり，

それを押すことで柵が開く仕組みになっています。ネコは、はじめのうちは外のエサに前足を伸ばしたりしますが、そのうち偶然にレバーに前足が触れ、それを押すと柵が開くことに気づきます。その経験を何回か繰り返すことで、レバーを押すことを覚え、箱に入れられてから出るまでの時間が短くなっていきます。このように、試行錯誤（試行の繰り返し）を通して問題解決に至り、そのことによって成立する学習のことを「試行錯誤学習」と呼びます。試行錯誤の結果、ネコはレバーを押すこととドアが開くことを結びつけること（連合）を学習しますが、この連合は、それがネコに満足な状態（箱から脱出してエサを食べること）をもたらすために成立するのです。

■学習における「効果の法則」

　効果の法則とは、1898年にソーンダイクが提唱した心理学の原理で、「ある状況で満足をもたらす反応は、その状況で再び起こりやすくなり、不快をもたらす反応は、その状況で再び起こりにくくなる」というものです。試行錯誤学習はこの法則で説明できると考えました。はじめの頃は、ソーンダイクは、成功による満足と失敗による不満が同等であると考えていましたが、人間に対する実験の過程で、報酬は罰よりもはるかに効果的であるという結論に至りました。

　この効果の法則で示された「学習にはネコがレバーを押したような能動的行動が必要」という考え方が、その後のオペラント（道具的）条件づけへと発展することになります。また効果の法則で使用された「満足」「不満足」という用語は、その後オペラント条件づけでは「強化」「罰」という用語に置き換えられました。

2.2　古典的条件づけ（パヴロフの条件づけ）

　同じ頃に、ロシアの生理学者パヴロフ（Pavlov, I. P.）は、ソーン

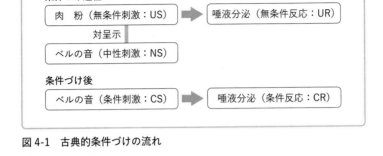

図 4-1 古典的条件づけの流れ

ダイクが発見した学習の原理とは異なる**古典的（レスポンデント）条件づけ**という学習の原理を発見しました。パヴロフは，当初イヌを対象に消化器系の研究を行っていましたが，その過程で実験対象のイヌの行動から古典的条件づけという現象が起こることに気づいたのです。

　古典的条件づけは，生理的反応（唾液の分泌など）を引き出す刺激X（肉粉）といっしょに，刺激Y（ベルの音など）を与え続けると，生理的反応を引き出す刺激Xを呈示せずに刺激Yだけで同じ生理的反応を引き出すことができるというものです。

　古典的条件づけの方法は，無条件刺激と中性刺激の「対呈示」（同時もしくは前後関係をつけてともに呈示すること）によって行われます。

　ベルの音（中性刺激：NS）と肉粉（無条件刺激：US）を対呈示されることで条件づけられたイヌは，ベルの音だけ（ここでは条件刺激：CS）を呈示されると（肉粉を与えられなくても）唾液分泌という反応を示すようになります。唾液分泌は，肉粉を与えられたときの無条件反応（UR）と同じ反応ですが，ここでは条件刺激によって引き起こされたため，この反応を条件反応（CR）と呼びます。

表4-1　古典的条件づけの基本概念

無条件刺激 （US）	無条件反応（UR）を生起させる刺激 （例：唾液分泌では肉粉）
無条件反応 （UR）	生体が基本的にもっている生理的反応 （例：唾液分泌）
中性刺激 （NS）	生体に特定の反応を生起させない刺激（条件づけに使用する刺激） （例：ベルの音）
条件刺激 （CS）	本来は中性刺激であるが，条件づけ後には条件反応を生起させる 刺激 （例：ベルの音〔条件づけ後〕）
条件反応 （CR）	条件づけ後に，条件刺激（CS）によって生起するようになる生 理的反応 （例：唾液分泌〔条件づけ後〕）

　なお，刺激を呈示する順番は，中性刺激（NS）を無条件刺激（US）より先に呈示する「先行条件づけ（順行条件づけ）」が効果的であることがわかっています。

■強化と消去

　「強化」とは，刺激と反応を関連づける手続きで，古典的条件づけでは条件刺激と無条件刺激の対呈示が強化にあたります。

　「消去」とは，条件づけによって形成された条件刺激と条件反応の関係が弱まる（最後は消える）こと，およびその過程のことです。一度条件づけが成立した後で，無条件刺激を与えないで条件刺激だけを呈示し続けることで生じます。たとえば，条件づけによってベルの音だけで唾液分泌が起こるようになったイヌに，ベルの音だけを繰り返し聞かせると，唾液分泌は次第に減少し，最後には起こらなくなります。

■般化と弁別

　「般化」とは，条件刺激とよく似た刺激に対して，その条件刺激

と連合した条件反応と同じような反応を示すことです。条件刺激の
ベルの音とよく似た（しかし音高が異なる）ベルの音に対しても唾液
を分泌するのは般化の例です。

　一方，**弁別（分化）**は，よく似た刺激を区別することです。一方
の刺激を強化し，他方の刺激は強化しないことを繰り返すことで，
強化された刺激に対してだけ条件反応をするようになります。この
ような手続きを**弁別（分化）条件づけ**と呼びます。上の例では，条
件刺激と同じ音高のベルの音だけを強化すると，音高が違う類似し
た音には条件反応は起こらなくなります。

■高次条件づけ

　高次条件づけとは，唾液分泌の条件づけが成立した条件刺激
（例：ベルの音）を無条件刺激として，新たな刺激（中性刺激）の条件
づけを行うことです。条件刺激となっていたベルの音と，新たな条
件刺激である光を対呈示する条件づけを行うことで，光刺激を呈示
するだけで条件反応として唾液分泌が生じます。このような条件づ
けを**2次条件づけ**といい，同様の手続きによって3次，4次の条件
づけも可能であり，これらを総称して高次条件づけと呼びます。

■恐怖条件づけ・嫌悪条件づけ

　恐怖条件づけとは，身体の震えのような恐怖反応を引き起こす刺
激と，特に何も反応を生じないような他の刺激を関連づけるような
条件づけです。恐怖反応を起こす刺激（例：事故）と，それを体験
したときの文脈情報（対呈示された視聴覚刺激，例：雨の日の夜の運転）
が関連づけられることで，その体験時の文脈情報（視聴覚刺激）だ
けで恐怖反応が引き起こされるようになります。つまり，雨の日の
夜に車を運転すると，恐怖感が起こってしまうような反応が生じま
す。なお，これと共通のメカニズムで，恐怖を引き起こす刺激の代
わりに「嫌悪感をもたらす刺激」を使った条件づけを，**嫌悪条件づ**

けと呼びます。

■実験神経症

　たとえば，非常に近い音高の2つのベルの音のように，区別が困難な刺激を使って弁別条件づけをすると，実験動物に異常な行動や混乱が生じることがあります。これを**実験神経症**と呼び，パヴロフがイヌを使った実験で発見しました。これは，人間の不適応症状の発症メカニズムと関係があると考えられています。

2.3　オペラント条件づけ

　ソーンダイクの効果の法則を基礎とする理論をもとに，自発的行動の条件づけ理論としてスキナー（Skinner, B. F.）が提唱したのが**オペラント条件づけ**です。オペラント条件づけでは，特定の自発的行動を強化することで，その行動が起きる確率を変化させます。古典的条件づけでは，条件刺激と条件反応の結びつきを学習するため，ベルの音を聞いたら唾液が分泌されるというように刺激に対して反応が自動的に起こってしまいます。それに対してオペラント条件づけでは，最終的には「エサが欲しいときにレバーを押してエサを出す」というような必要なときに選択的に行う新しい行動を学習させるので，新しい行動を道具のように使うことができるようになることから**道具的条件づけ**とも呼ばれます。このように，古典的条件づけとオペラント条件づけはまったく異なるメカニズムにもとづいていると考えられています。

■強化と弱化

　表4-2に，刺激と反応の変化の関係について示しました。強化は，刺激を呈示（正）したり除去（負）したりすることによって反応行動の生起頻度を上昇させる手続きです。快刺激（好ましい刺激）は，出現する（呈示される）と行動頻度を上昇させるので，正の強化刺

表 4-2　刺激の呈示／除去と行動の変化の関係

	反応行動の変化	
	強化（行動の自発頻度の上昇）	弱化（行動の自発頻度の低下）
刺激 呈示	正の強化 　快刺激を与える	正の弱化 　不快刺激を与える
刺激 除去	負の強化 　不快刺激を除去する	負の弱化 　快刺激を除去する

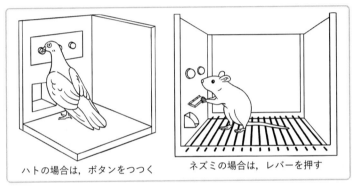

ハトの場合は，ボタンをつつく　　ネズミの場合は，レバーを押す

図 4-2　スキナー箱のハトとネズミ

激（強化子）とも呼ばれます。また，快刺激は，除去すると行動頻
度を低下させるので，負の弱化と呼ばれます。

　一方，不快な刺激（嫌悪刺激）は，出現すると行動頻度を低下さ
せるので，正の弱化子と呼ばれ，除去すると行動頻度が上昇するた
め，負の強化と呼ばれます。

■三項随伴性

　オペラント条件づけで有名なスキナー箱（ハト用とネズミ用があり
ます，図4-2）を使用した実験では，ハトが入れられた箱の中のラ
ンプの1つが点灯したときに，たまたまハトがボタンをつつけば，
エサが1粒出てくるようにしておくと，ランプが点灯する（弁別刺

激）とハトがボタンをつつく（オペラント行動をする）頻度が上昇します。このような「刺激（ランプの点灯＝弁別刺激）」─「反応（ボタンをつつく＝オペラント行動）」─「結果（エサが出てくる＝強化子）」という3つの要素の組合せを**三項随伴性**と呼びます（随伴とは，あることに伴って起こることです）。

■**強化スケジュール**

　オペラント行動の強化のしかた（与え方）を，**強化スケジュール**といいます。オペラント行動が生じたときに毎回強化することを**連続強化**，ときどき強化することを**間欠強化**または**部分強化**といいます。ハトがボタンをつつくと毎回エサを出すのが連続強化，ボタンをつついても毎回は出さず，何回かに1回あるいは回数に関係なく一定の時間に1回エサを出すのが部分強化です。部分強化のほうが消去されにくいことがわかっていますが，毎回一定の報酬を得るより，まれに大金が得られるギャンブルなどが依存性をもつのは，この現象が関係していると考えられています。

■**シェイピング**

　最終的に習得することが望まれる行動を小さな段階（**スモール・ステップ**と呼びます）に分け，段階的に行動の形成を行うことを，**シェイピング**と呼びます。行動を細分化して個々に強化するこの方法は，スキナーが提唱しました。ハトにすぐにボタンをつつかせることは難しいので，はじめはボタンのある壁に近づいたらエサを出し，次にボタンの周囲の壁をつついたらエサを出し……というように，段階的にボタンに近づかせて，最終的にボタンをつつくように強化をする方法です。

■**逃避・回避と学習性無力感**

　逃避とは，嫌悪刺激に気づいてから，それを受けないようにする行動であり，**回避**とは，嫌悪刺激を受けるような事態を事前に避け

る行動です。これらの行動は，いずれもオペラント条件づけによって学習された行動であると考えられています。たとえば，ハチに刺された経験があると，同じ種類のハチ（やそれに似たハチ）が飛んでいるのに気づいたら，早めに逃げるようにするのが逃避であり，はじめからその種のハチがいそうな場所には行かないのが回避です。嫌悪刺激が与えられてから反応する学習は逃避学習ですが，嫌悪刺激に先行する（関連する）刺激が呈示された段階で，嫌悪刺激に遭遇する状況を事前に避ける行動をとることができるのが回避学習です。

なお，逃避や回避が不可能な状況（場所など）で動物に嫌悪刺激を与え続けると，ほとんど反応を示さなくなり，その後，逃避や回避が可能になっても嫌悪刺激を受け続けるようになる場合があります。こうしたことは別の状況や場面にも般化して，新たな逃避・回避行動がとれなくなることがあります。この現象のことを**学習性無力感**と呼びます。

このような学習性無力感は，セリグマン（Seligman, M. E. P.）がイヌを使った研究で発見したものですが，人間の「うつ」や無気力症などの症状を形成するモデルとしても考えられています。

2.4　運動学習

運動学習とは，何らかの運動技能を学習することであり，スポーツだけではなく，楽器演奏なども含みます。運動学習には，環境や具体的な刺激の知覚にもとづいて，身体的運動を協応させること（感覚運動協応）が重要であり，感覚運動学習と呼ぶこともあります。単純な個別の技能の学習から始め，それらを組み合わせて全体的なまとまりのある技能を習得する場合が多く，ほとんどのスポーツや楽器演奏では，最初は部分的な技術を習得し，最終的にそれらを組

サルの実験は中間管理職のストレスを意味しているのか──動物実験の意味

　床に電流が流れて不快なショックを受けるようになっている2つのオリに1匹ずつサルを入れます。電気ショックが来る直前に，オリについているランプが点灯し，電気ショックを事前に知らせるようにします。1つのオリには押しボタンがついていて，ランプが点灯したときにボタンを押せば，どちらのオリにも電流は流れません。電気ショックが与えられる時間はランダムなため，いつランプが点灯するか（電流が流れるか）はわかりません。ボタンのないオリの

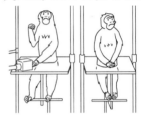

サルは何もできません。ボタンを押すことができるほうのサルがランプに注意していて，正確なタイミングでボタンを押せば，2匹とも電気ショックを避けられますが，ボタンを押し損ねれば，いっしょに電気ショックを受けることになります。

　さて，あなたがサルなら，どっちがいいですか？ 自分で対処できるボタンを押すことができるほうのサルですよね。

　この2匹のサルは，等しく電気ショックを受けますが，1日数時間この実験を行い，数週間後にサルの胃の内部を検査した結果，ボタンを押すことができるオリにいたサルの胃には複数の潰瘍ができていました。一方，ボタンのないオリのサルの胃には何の異常も見られませんでした。この結果は，電気ショックを避けるためにボタンを押すことができたサルは，自分だけでなく他のサルに対しても責任があるため，それが強いストレスになっていたことを示すと考えられました。何もできなかった（責任のない）サルは，特にダメージを受けていなかったためです。

　この実験は，ブラディら（Brady et al., 1958）が1958年に行った実験です。倫理的側面に注意して議論する必要がありますが，当時は話題を呼び，中間管理職のストレスを説明するものとして有名になりました（今でもビジネス書などに紹介されています）。一方，結果に責任がない平社員サルはストレスフリーと解釈されました。しかし，そ

の後の人間を対象としたストレス研究の結果は，問題状況に対処できるほうがストレスレベルが低いことを一貫して示しており，ストレスに対して対処のすべがない場合にストレスが強まることを明らかにしています（学習性無力感）。つまり，サルの実験と人間の研究では，責任の有無とストレスの関係が反対にみえます。

しかし，この矛盾を「人間とサルは違うから」と考えるのは軽率です。この一見矛盾した結果は，科学的な実験を行う場合の重要な問題を示しているのです。

この実験で，電気ショックを止めるボタンがついたほうのオリに入れられたサルは，実はランダムに選ばれてはいませんでした。研究者の都合で，電気ショックが来る前にランプが点灯すると，すぐにボタンを押すことを学習できたサルを「管理職」サルに選んでいたのです。電気ショックを防ぐ方法（ボタン押し）を早く学習したサルは，もともと電気ショックに対する不快感が強かった（ネガティブな刺激に対する感受性が高い）と考えられます。

つまり，もともとストレス状況に脆弱な個体が，この実験ではボタン押しを早く学習できたために，不幸にして責任ある条件に割り当てられた可能性が高いのです。実験の結果の解釈には注意が必要です。

み合わせて全体的な技能の学習に至ります。

たとえば，ピアノなら，まず右手だけで簡単なフレーズを練習し，次にそのフレーズの左手のパートを練習し，それを同時に組み合わせて一定のフレーズを学習します。そして，こうした小さなフレーズを順次つなげることで，曲全体を弾けるようになります。

運動学習では，連続して練習する**集中学習**よりも，適度に休憩や間隔を入れて学習する**分散学習**のほうが効果がある場合が多いことがわかっています。また，学習の遂行（何を行ったのか）と結果（練習の効果）についての知識（フィードバック）が重要であるとされています。

3 思考・認知にもとづく学習

3.1 洞察学習

　洞察学習とは，ケーラー（Koehler, W.）が提唱した学習の形式で，ソーンダイクの試行錯誤学習や条件づけのような「経験（試行）」を前提にした学習理論とは異なり，実際に試行や経験をせずに，頭のなかで考えたり想像すること（洞察）によって，問題の解決法という新たな行動を獲得する学習をさします。また，洞察学習は，一度成立すると，同じ状況におかれた場合に再度その行動（解決法）が使用されやすく，消えにくい傾向があります。

　ケーラーは，1913〜20年に，スペイン領カナリア諸島にあるテネリフェ類人猿研究所で，チンパンジーを対象に思考能力の実験を行っていました（テネリフェは，今でもリゾート地ですが，そんな快適な場所で研究を続けていたとは，祖国ドイツが第一次世界大戦で大変だった時期なのに，研究者冥利に尽きますね）。

　ケーラーのある実験では，部屋の中に直接は届かない高さに天井からバナナをつるしておき，部屋のあちこちに木箱を置いておきます。その部屋にチンパンジーを入れると，バナナが大好物なチンパンジーはバナナを取ろうとしますが，手を伸ばしても，ジャンプしても届きません。チンパンジーはバナナを見ながら，しばらく考えているように見えます。しばらくすると，突然部屋のあちこちにある木箱をバナナの下に置き，積み上げ，その上に登って，見事バナナを獲得します。

　この実験で重要な点は，チンパンジーが，この実験以前には木箱を積み上げて，その上に登ってバナナを取るという試行（経験）はしていないということです。以前に経験をしたことがあれば，それ

は別の学習です（条件づけなど）。ここで重要なことは，チンパンジーが「突然（経験したことがない）解決策を思いついた」ということで，実際に行動としてやってみるのではなく，頭のなかで（思考によって）解決法をみつけるというのが「洞察」学習です。ほ乳類の一部や霊長類は，発達した脳をもっているので，思考のみによって問題解決ができ，それを学習する（再度使用する）ことができることを明らかにした実験といえます。

図4-3　箱を積み上げてバナナを取る
　　　　チンパンジー

　ところで，図4-3に，箱に登ってバナナを取っているチンパンジーを下で見ているチンパンジーがいますが，彼（彼女？）は，実際にやったことはなくても，見ることで高いところにあるバナナの取り方を学習したはずです。これはまた別の学習（観察学習）になります。

3.2　観察学習——環境との相互作用による社会的学習

　社会的学習理論では，学習とは社会環境で行われる認知過程の変化であるとされています。そのため，他の学習理論とは異なり，行動の再現や直接的な強化が伴うとは限らず，観察や指示のみからで

も学習が起こりうると考えられています。

　社会的学習という用語はさまざまな意味合いで使用されていますが，基本的には「他者の影響を受けて行動や態度，価値観などを学習すること」をさしています。

　観察学習（モデリング）とは，他者の行動やその結果を（モデルとして）観察することで観察者の行動に変化が生ずる現象のことで，バンデューラ（Bandura, A.）が提唱しました。

　また，他者への強化や弱化（報酬や罰など）を観察するだけでも，（自分には直接報酬や罰がなくても）学習が起こるとも考えられています。私たちが，他人が怒られているのを見て，同じことをしないようにするのは，これに該当します。バンデューラは，人間では，直接学習より観察学習のほうが一般的に形成しやすいと考えていました。

　観察学習は，観察対象に注意を向ける「注意過程」，観察対象の行動の内容を記憶する「保持過程」，その行動を実際に模倣する「運動再生過程」，新たな学習行動を遂行する意欲を高める「動機づけ過程」の4つの過程で成立すると考えられています。

　なお，観察学習には，単なる模倣学習のように意識的な学習ではないものもあります。特に意識的に観察していなくても，いつのまにか学習が起こっていることもあるのです。

　観察学習で重要なことは，他者の行動を観察することが，自分の行動の変容に結びつくということです。これは，具体的な報酬や罰（強化や弱化）を受けること以外に，イメージによる報酬や罰（強化や弱化）が意味をもつということを意味しています。イメージによる強化には，以下の3つがあるとされています。

　・**外的強化**：実際の報酬（あるいは報酬を得られるという期待）による強化

・**代理強化**：被観察者（モデルにした他者）が得る報酬（外的強化）による強化（自分が直接報酬を受けない場合も含む）

・**自己強化**：自分の基準で自分に与える報酬（具体的な報酬ではなく，自己評価も含む）による強化

3.3　潜在学習

　潜在学習とは，潜在的（内的）に認知的な処理が行われることで生じる学習をさし，トールマン（Tolman, E. C.）が提唱しました。たとえば，ネズミに報酬のエサを与えずに，何日間も迷路を歩き回らせた後で，ゴールの場所にエサを置くと，事前に迷路を歩いたことがないネズミよりもゴールへの経路の学習が早くなります。この場合，報酬なしの期間にも迷路の学習がなされていたとみなし，これを潜在学習と呼びます。報酬がなくても学習は起こるが，その効果はその時点では見えないので，「潜在」と呼ばれています。このとき，ネズミの記憶には「認知地図」と呼ばれる心的表象（イメージ）が形成されたと考えられています。認知地図というのは，環境内にあるさまざまな手がかりによって作られたイメージで，ここでの例の場合には方向や距離，目印などといった空間的な情報を含んでいます。しかし，「地図」といっても，必ずしも迷路をそのまま地図に写しとったようなものとは限りません。

　以上，学習の過程にはさまざまなものがあり，学習される内容も多様ですが，いずれも何らかの経験を通して行動の変容をもたらすという点では共通しています。

Lecture 4 のまとめ

- 学習とは，経験による比較的持続的な行動の変化のことである。
- パヴロフによる「古典的条件づけ」は，無条件刺激と中性刺激の「対呈示」によって，唾液の分泌のような不随意反射を条件づけるものである。
- スキナーによる「オペラント条件づけ」は，自発的行動（オペラント行動）を条件づけるものである。
- 古典的条件づけでは，刺激と反応を結びつけることを「強化」といい，その結びつきをなくすことを「消去」と呼ぶ。
- オペラント条件づけでは，行動の頻度が増える変化を「強化」と呼び，行動が減る変化は「弱化」と呼ぶ。
- どのように強化を行うかということを，強化スケジュールといい，毎回強化することを「連続強化」，ときどき強化することを「間欠強化」または「部分強化」という。
- 洞察学習では具体的な経験は必要ではなく，解決行動が突然現れ，一度学習が成立すると同じ状況では解決策は繰り返され，消えにくい傾向がある。
- 観察学習は，他者の行動を観察することが，自分の行動の変容に結びつくというもので，模倣学習のように意識的に観察して模倣をしなくても，いつのまにか学習が起こっていることもある。

Lecture 5

記　　憶
何を覚え，なぜ忘れるのか

Memory

1　記憶の過程

　記憶というと，何かを覚えていることと考えている人が多いと思いますが，心理学では記憶とは「過去の経験の内容を保持し，後でそれを思い出す」までの一連の過程を含むものとされています。つまり，基本的に，何らかの経験を覚え込み（記憶し），一定期間維持して，後で思い出すという一連のプロセスを記憶と考えています。そのプロセスは次の3つの過程として整理することができます。

- ・符号化（記銘）……情報を入力すること（覚え込むこと。ただし，意図的・意識的とは限りません）
- ・貯蔵（保持）……情報を一定期間保持していること（数分から何十年間まで）
- ・検索（想起）……必要に応じて情報を引き出すこと（再生／再

認／再構成。こちらも意図的とは限りません）

1.1　符号化（記銘）——情報の入力

　情報を覚え込むことを記銘といいます。情報を人間の記憶に取り込める形式に変えるという意味で，情報科学的な視点から「符号化」（coding）とも呼ばれます。入力された感覚刺激を意味情報（視覚的イメージ，音声，概念など）に変換し，保持（貯蔵）するまでの一連の情報処理過程を符号化と呼んでいます。

　符号化では，たとえば，意味を理解できる母国語などは記憶できますが，意味を理解できない外国語などは記憶するのが困難であるなど，意味情報に変換できない入力情報は記憶（符号化）されにくいことが知られています。しかし，意味はわからなくても，音として記憶する（符号化する）ことは可能です（外国語の曲の歌詞を，意味がわからなくても音として覚えることは可能ということです）。

1.2　貯蔵（保持）——情報の保存

　情報が保存されている過程を「保持」または「貯蔵」と呼びます。符号化によって変換された意味情報が貯蔵（保持）されますが，入力された情報が同じでも，貯蔵される情報は人によって異なることがあります。これは，意味情報に変換される際に用いられる既有の知識などが人によって異なるため，入力情報の一部が切り捨てられたり，付加されたりするなど，貯蔵にあたり何らかの形で加工されるために起こります。加工は意図的なものではありませんが，加工が大きいと，歪曲になることもあります。

1.3　検索（想起）——情報を取り出す

　貯蔵されている情報を取り出すことを「検索」または想起と呼び

ます。

　検索には，過去に取り込んだ情報を再現する「再生」，過去に取り込んだ情報と同じ情報をそれと確認できる「再認」と，過去に取り込んだ情報をその要素を組み合わせて再現する「再構成」などがあります。

　以前に記憶した漢字を書くことができる場合は再生，書けないが見ればわかる（読める）場合は再認，書けると思っているが部分的に違っている場合は再構成に該当します。記憶情報の検索では，内容は基本的に再構成されることが多く，ビデオや写真のように入力された情報がそのまま再現される保証はありません。

2　記憶の種類

　記憶には，図 5-1 に示すように，さまざまな種類がありますが，代表的なものを説明していきます。

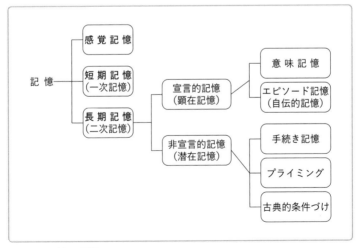

図 5-1　記憶の種類

2.1 短期記憶

短期記憶 (short-term memory；STM) とは，情報を短時間保持する貯蔵システムです。成人では，短期記憶の容量は7±2 (5〜9) 程度といわれています。この7±2という数は**マジカルナンバー** (magical number) とも呼ばれますが，このようにひとまとまりとして処理できる情報のかたまり（単位）を「チャンク」と呼びます。新しい電話番号を聞いて，メモをしなくてもすぐに入力できるのは，短期記憶によるものです。

しかし，1回きりの電話をかけた後は，たいていは，その電話番号を覚えていません。このように，短期記憶の情報は，数秒から十数秒というごく短い時間の経過によって，すぐに忘却されますが，リハーサル（頭のなかで反復するなど）によって，情報の保持時間を伸ばすことができます。また，短期記憶の情報はリハーサルすることによって長期記憶に転送されます。

2.2 ワーキングメモリ（作動記憶）

短期記憶のなかでも認知的情報処理を行うときの一時的な貯蔵システムともいえる，**ワーキングメモリ（作動記憶）**という概念があります。ワーキングメモリは，短期的な情報の保持だけでなく，認知的な情報処理も含めた概念で，その容量には個人差があり，その容量の差が特定の課題での個人のパフォーマンスに影響を与えているといわれています。

ワーキングメモリは，中央実行系，音韻ループ，エピソードバッファ，視空間スケッチパッドから構成されており（図5-2），長期記憶への基礎となります。コンピュータにたとえると，デスクトップ上の作業情報がワーキングメモリに該当し（PCのRAMに対応）それを書き込み・読み出し可能なメモリ（ROM）に保存することが長

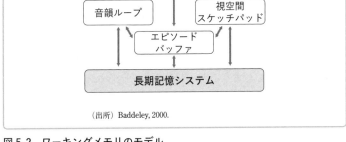

（出所）Baddeley, 2000.

図 5-2　ワーキングメモリのモデル

期記憶になることに相当します。

　ここで，**中央実行系**とは，音韻ループ，エピソードバッファ，視空間スケッチパッドを制御・モニターすることによって，長期記憶と情報をやりとりするシステムです。**音韻ループ**とは，言語を理解したり，推論を行うための音韻情報を操作・貯蔵するシステム，**視空間スケッチパッド**とは，視覚的・空間的なイメージを操作したり，貯蔵したりするシステムのことです。**エピソードバッファ**は，限られた容量の受動的システムで，物語や映画のシーンの記憶のように，エピソード的時系列づけを伴う視空間，言語情報を統合するために領域間で情報をリンクすることに特化したものと考えられており，長期記憶と結びついていると想定されています。

2.3　長期記憶と忘却

　長期記憶（long-term memory；LTM）とは，大容量の情報を保持する貯蔵システムのことです。一般的に，人が「記憶」と呼んでいるものは，主にこれをさしています。一度長期記憶に入った情報は，

基本的に消えることはないとされています。しかし，実際には，記憶したこと（長期記憶）を思い出せない（忘却する）ことは，よく経験します。

　長期記憶の忘却の原因としては，減衰説，干渉説，検索の失敗説などがあります。減衰説とは，時間の経過とともに記憶が失われていくという説で，これは記憶の神経学的基礎である脳内のシナプス結合自体が消えてしまうことで起こると考えられています。

　干渉説とは，ある記憶が他の記憶と干渉を起こす（邪魔をする）ことによって，思い出せないという説です。みなさんが高校時代に，翌日の試験の準備で，はじめに歴史の内容を覚えてから，次に生物の内容を覚えたりすると，せっかくはじめに覚えたはずの歴史の内容が思い出せなくなったのは，このためです。

　検索失敗説とは，想起ができないのは記憶された情報自体が消失しているのではなく，適切な検索手がかりがみつからないため，記憶内の情報にアクセスできないというものです。長期記憶として保存されていても，検索がうまくいかないので思い出せないというもので，ど忘れは，これに該当します。試験の最中には思い出せなかったのに，答案を提出した後で思い出すことがあるのも，このメカニズムで説明されます。

■宣言的（陳述）記憶——意味記憶・エピソード記憶（自伝的記憶）

　長期記憶は「宣言的記憶」と「非宣言的記憶」の2つに分類されます。宣言的記憶は，ことばで表現できる記憶で，陳述記憶や顕在記憶とも呼ばれます。この宣言的記憶は，「意味記憶」と「エピソード記憶」に分けることができます。

　a）　意味記憶とエピソード記憶　　意味記憶というのは，「フランスの首都はパリ」のような，ことばの意味についての記憶で，私たちの知識はほとんどが意味記憶です。

一方，エピソード記憶というのは，個人的体験や出来事についての記憶です。中学生のときの修学旅行での出来事や，高校の文化祭での思い出など，みなさんの個人的な思い出や経験は，基本的にエピソード記憶で，心理学者のタルヴィング（Tulving, E.）が，意味記憶と対になるもの（別の記憶）として提唱しました。意味記憶とエピソード記憶の違いは，「自己」との関係性です。エピソード記憶の内容は，基本的に自分と結びついた経験にかかわっているものですが，フランス革命がいつ起こったかといった歴史の年号のような意味記憶は，客観的な知識であり，自己とは関係ありません。

b) **自伝的記憶**　自伝的記憶（autobiographical memory）とは，エピソード記憶のなかでも，特に自分にとって重要で，自分自身のアイデンティティ（自己像）の基礎となっているような，「自分史」的な記憶のことです。

自伝的記憶を含むエピソード記憶を想起する場合は，過去の体験をそのまま客観的に，いつでも同じように想起するわけではありません。いつ，どのような状況・文脈で想起するかなどによって，思い出す内容や記憶に付随するイメージは異なってきます。つまり，自分についての記憶は，その時々に応じて意味づけされ，組み立て直されており，このことを「**再構成的想起**」といいます。記憶内容の個々の具体的な事実は変わらなくても，その意味づけなどは，思い出すときによって変化するのです。自分の過去の体験も，現在の状態によって違った記憶として再構成されるということです。

c) **エピソード記憶と記憶喪失**　記憶喪失ということばを聞いたことがあるでしょう。状態が重篤な場合には，自分の名前や家，家族さえ思い出せない状態にもなり，この状態を「全生活史健忘」といいます（⇒ Column ❹）。

しかし，自分の名前を思い出せないというようなことが，本当に

起こるのでしょうか。人間が最後まで忘れないものの1つは自分の名前でしょう。物心がついてから現在まで，小学校入学以降だけでも，自分の名前を何回聞いて何回書いたでしょう。ほとんどの人は千回以上書いてるので簡単に忘れるはずがありません。ところが，この全生活史健忘（記憶喪失）の状態になると，自分の名前も顔も覚えていません。まるですべてのことを忘却してしまったようにみえるのですが，実はそうではありません。

　たとえば，自分の名前や家は思い出せなくても，日本の首都が東京であることを知っていたり，運転免許をもっている人は道路標識の意味などを覚えています。実は，全生活史健忘で障害を受けるのは，主としてエピソード記憶であり，意味記憶のほうは比較的正常なまま維持されていることが多いのです。そして後述する「手続き記憶」（一般に体で覚えていること）には影響はありません。自分がどこの誰だか思い出せなくても，知識は覚えているのです。これは，言語や知識は意味記憶であるのに対して，自分の名前や住所はエピソード記憶であり，この2つは脳で別々に処理されているためと考えられています。

■非宣言的記憶──手続き記憶・プライミングなど

　非宣言的記憶というのは，言葉では表現できない記憶のことです。非陳述記憶や潜在記憶ともいいます。非宣言的記憶には「手続き記憶」「プライミング」や，「古典的条件づけ」（⇒ Lecture 4）などが含まれます。

　a）　手続き記憶　　手続き記憶というのは，物事を行うときの手続きについての記憶で，いわゆる「体で覚える」記憶がこれにあたります。スキル（技能）や手続きなどを保持することで，意識しなくても使うことができるような記憶で，自転車の運転，楽器の演奏，スポーツなどの多くは，手続き記憶によるものです。ある記憶障害

記憶喪失（全生活史健忘）とアイデンティティ

　大学生のＡさんは，バイクで転倒事故を起こし，頭部を強打したことがきっかけで，全生活史健忘（記憶喪失）の状態になり，入院しました。医師の診察の結果，自分の名前も住所も思い出せない状態でした。

　このＡさんに，性格検査を受けてもらいました（「あなたは心配性ですか」などと自分の性格について回答を求める心理検査です。➡ Lecture 9）。自分がどこの誰だかわからなくても，言語の意味記憶には問題がないため質問の意味は理解できるので，質問に回答することができます（自分が誰だかわからなくて，自分の性格をきちんと答えられたのかという疑問がありますが，この点については後で確認されます）。

　さて，こうした頭部の外傷などによる記憶喪失は，短期間で回復することが多く，Ａさんも4週間ほどで記憶は元に戻りました。このような症状では，健忘期間中の記憶は，通常は健忘が治ると思い出せません（Ａさんの場合，記憶に4週間の空白があり，性格検査を受けたことは覚えていませんでした）。そこで回復後のＡさんに，同じ性格検査に回答してもらったところ，結果は，記憶喪失中の回答結果とほとんど一致していました。このＡさんの例で，何がわかるのでしょうか。

　記憶喪失中に回答した自分の性格検査の結果と，回復後の（記憶が戻った後での）自分の性格検査の結果が一致したということは，自分が誰だかわからないときでも，自分の性格は正確に判断できたことを意味します。これは私たちにとって自分の性格についての情報が，ある種の知識として処理されていることを示しています。つまり，自分の性格に関する情報は，もともとはエピソード記憶として保存されていたはずですが，発達過程でいつのまにか意味記憶として保存されていた可能性があるということです。この自己情報の知識化は，青年期の後半になって起こってくると考えられていますが，この研究の結果は，私たちの自己概念やアイデンティティなどが，単に抽象的な概念というだけではなく，脳・神経レベルでの基礎が存在している可能性を示唆しているのではないかと考えられています。

5

記

憶

の患者に作業の訓練を行うと，訓練の内容は思い出せなくても，作業自体は改善されていることがあります。これは，手続き記憶は機能しているが，宣言的記憶が損傷していることを意味しています。

b）プライミング　プライミング（priming）とは，以前の経験（プライマー：先行刺激）により，後に経験する対象（ターゲット）の再生・確認が促進（あるいは抑制）される現象のことで，直接プライミングと間接プライミングがあります。

直接プライミング効果とは，プライマー（先行刺激）とターゲット（後の刺激）が同じ場合のプライミング効果のことをさし，反復プライミング効果とも呼ばれます。

たとえばプライマーとして「fog」のような単語を呈示し，その後「□og」のような単語完成（穴埋め）課題を行わせた場合，プライマーを呈示されていない場合に比べて fog という単語の回答率の上昇や，反応時間の短縮によってプライミング効果が確認されます（fog というプライマーがないときは，dog という回答が多い）。ここで重要な点は，単語完成課題を遂行しているときは，プライマーとして呈示された単語を意識的には想起してはいないということで，直接プライミング効果は潜在的な想起過程において起こる現象です。

一方，間接プライミング効果とは，ターゲットが（ターゲットと関連するもしくは異なる）プライマーによって間接的に影響を受ける（判断が促進される）効果のことで，通常は，意味レベル（意味的プライミング効果）で観察されることが知られています。

たとえば，プライマーとして「weather（天候）」が呈示された場合に，ターゲットとして「fog（霧）」が呈示された場合には，「dog」が呈示された場合と比較して，ターゲットの語彙判断に要する時間が短くなることなどによってプライミング効果が確認できます。間接プライミング効果でも，直接プライミング効果と同様に，ターゲ

ット刺激に対する想起は潜在的である点がポイントです。

2.4　展望的記憶とメタ記憶

　将来行う行動についての記憶を展望的記憶といいます（これに対して，一般的な過去の出来事についての記憶は回想的記憶と呼ばれます）。一般に記憶とは「過去」の事柄をさすと受けとられているのに対して，この展望的記憶は未来の記憶という点が特徴です。

　展望的記憶には「帰りにスーパーで洗剤を買おう」などのように「何か行うべきことがある」という「意図の存在」を想起することと，その「内容が何であったか」という内容の想起の2つの要素が含まれています。日常生活で，私たちは，し忘れを防ぐために，手帳やスマホのカレンダーなどの外的記憶補助を用いていますが，これはメタ記憶を外部装置化したもので，展望的記憶では，メタ記憶が重要な役割をもつと考えられています。

　メタ記憶というのは，記憶についての記憶です。つまり，あることを記憶したことを記憶している状態です。みなさんでも，試験前にいろいろなことを覚えて，試験の問題を見たとき「これは昨日の夜，たしかに覚えたことだ」というように，覚えたということは記憶していても，肝心の問題に対する答えの単語や人名などが出てこない（検索できない）経験があるのではないでしょうか（そして答案を提出した後で，なぜか思い出すことが多いのは悔しいですが）。

　このように，メタ記憶と，その内容の記憶は独立しているので，一方を思い出せても，他方を思い出せるとは限りません。何かやることがあったことは記憶しているが，何をすることになっていたのかは想起できないという問題は，展望的記憶と密接に関係しており，現在も研究が進められています。

3 記憶に影響を与えるもの

3.1 記憶と情動

「情動」(emotion) という用語は心理学ではよく使用されますが，身体的・生理的な変化を伴う感情のことです（心拍・血圧の変化や体の震えなどを伴う強い感情が情動です）。

情動的記憶とは，情動的な出来事に関する記憶のことで，情動を伴わない出来事に比べて記憶されやすいことが知られています。情動的記憶では，情動の効果は，ポジティブ・ネガティブのような「情動価」(valence) よりも，情動の強さにかかわる「覚醒度」(arousal) のほうが重要であることが指摘されており，覚醒度が高い刺激のほうが記憶は促進され，その促進効果は，記憶した出来事などが起こったときのさまざまな情報を含んだ詳細な記憶情報の想起において顕著であるとされています。つまり，強い情動的反応と結びついた記憶は，細部までありありと再現されやすいということです。

なお，脳神経レベルでは，情動的記憶の記銘や想起には，扁桃体と海馬の相互作用が重要な役割を果たすことが示唆されています。

3.2 記憶と文脈依存性

記憶の文脈依存性とは，符号化時と検索時の文脈（状況）が記憶の想起に影響を及ぼす現象のことです。具体的にいえば，何かを「覚えるとき」と「思い出すとき」の環境や状況が一致（類似）しているほうが，一致（類似）していないときよりもその物事を想起しやすいということです。

バドリーら (Godden & Baddeley, 1975) が行った有名な実験では，

スキューバ・ダイビング・クラブの学生を実験参加者として，水中または陸上で単語リストを覚えてもらい，後でリストの単語を思い出すという課題を行ったところ，覚えたときの環境と同じ環境で思い出すほうが，成績がよいことが明らかになりました。つまり，水中という特殊な環境であったとしても，記憶したときの環境と同じであるほうが，記憶したことを思い出しやすかったということです。

4　記憶は再構成される──虚偽記憶

　ロフタス（Loftus, E. F.）などの記憶研究者は，記憶（主に宣言的記憶）の特徴について，次のように述べています。

　「記憶は自在に変化し，重ね書きが可能で，無限に書いたり消したりできる黒板のようなものである。したがって，記憶を，脳のどこかで永遠に保存されているという，記録されたメモリやハード・ディスク，書類キャビネットに保管されたファイルのようなイメージでとらえることは間違っている。**記憶は，事実と空想の入り混じった創造的産物ともいうべき再構成されたものである**」（Loftus & Ketcham, 2013）。

　つまり，記憶は「認知的な事実（見たものや聞いたこと）が脳内に保存されているわけではなく，記憶の想起内容（思い出すこと）は，思い出すときに再構成されている」ということです。したがって，記憶の内容が事実であるという保証はありません。極端な場合には，虚偽記憶といって，事実とはまったく異なる記憶が形成され，本人には事実であると確信されている場合があります。記憶内容の正確さと，その記憶についての確かさ（本人のその記憶についての確信度）は，まったく別のものであることがわかっています。

4.1 虚偽記憶

虚偽記憶（false memory）とは，実際には起っていない出来事に関する記憶（主としてエピソード記憶）のことです。

記憶は想起されるたびに再構成されるものであり，ビデオのように同じ内容を反復して再現できるわけではありません。したがって，私たちの記憶は，日々変貌していることが多く，ときにはまったく経験していないことを記憶している（と本人は信じている）ことがあります。特に個人的な記憶（自伝的記憶）の内容については，検証が難しいものが多く，何らかのきっかけで虚偽記憶が形成され，何度も反芻されることで（事実ではないことが）確信に変わっていることもあります。このような記憶が作られる現象は，次に紹介するように実験的にも確認されています。

ロフタスは「ショッピングモールの迷子」という有名な実験を行っています。事前に実験協力者の家族に，実験を受ける本人が子どもの頃に実際に経験している出来事を3つあげてもらい，それに（当人が実際には経験していない）ショッピングモールで迷子になったという偽の出来事を加えて，4つのエピソードを実験協力者に示して，それぞれについて思い出すことを回答してもらいました。

その結果，実験協力者の学生は，実際にはショッピングモールで迷子になった経験がないにもかかわらず，「本当に怖くて，もう家族には会えないかもしれないと思った」とそのときの恐怖感を思い出したり，「お母さんがもう二度と迷子になっちゃダメよと言った」と母親から注意されたことを思い出したり，助けてくれた老人が「フランネルのシャツを着ていた」と存在しない人物の具体的な服装を思い出したりもしたのです。

このように，虚偽記憶では，実際にはなかったことを具体的に思い出してしまうだけでなく，その細部まで再現してしまうことがあ

り，本人は自覚せずに記憶をねつ造してしまうのです。

4.2　法廷での記憶と心理学

　記憶が再構成される（つまり事実とは限らない）ということは，記憶は証拠にならない可能性があるということを意味しています。それでは，法廷などでの目撃証言は，どうなるのでしょうか。

　実は，アメリカなどでは，目撃証言に対する科学的研究も数多く行われており，前述のロフタスも，しばしば法廷で証言（記憶現象についての科学的説明）をしています。アメリカの法廷では，心理学者が証言などの科学性（信頼性）などについて証言することはよくあることなのですが，これは心理学が科学として信用されているためでもあります。

　特定の証言や供述が信用できるか否かという具体的な判断を求められることも多いのですが，研究で示されるような法則性によって個別事例の真偽を判断することは困難です。しかし，たとえば目撃証言であれば，目撃者と同程度の視力をもつ人に，目撃場面と同じ明るさで，同じ距離から一定時間対象を呈示し，一定期間の経過後に目撃したものについて報告を求めるようなシミュレーション実験などを行うことによって，当該の目撃証言の信用性を推定することは可能です。

　アメリカなどでは，心理学者などによる専門家の証言は，裁判官や陪審員の理解を助け，裁判官や陪審員が最終判断を行うために必要な知識をもつことを促すものでなければならないとされています。科学的裏づけのある知見を示すことで，裁判官や陪審員の判断をより客観化することに貢献することができるのです。

Lecture 5 のまとめ

- 記憶は，情報の入力である「符号化」，情報の保持である「貯蔵」，情報の再生・再認としての「検索」という3つの過程である。
- 記憶は，いくつかに分類されるが，一般的に記憶と考えられているものは「長期記憶」である。
- 長期記憶は，言葉で表現できる宣言的記憶（顕在記憶）と，ものごとを行うときの手続きの記憶である非宣言的記憶（手続き記憶）に区別することができる。
- 宣言的記憶は，知識のような意味記憶と，個人的体験に関するエピソード記憶に分けることができる。
- 自伝的記憶は，エピソード記憶のなかでも，特に自分にとって重要な意味をもち，自分自身のアイデンティティをつくっているような記憶である。
- 情動的な体験と結びついた情動的記憶は，記憶されやすい。
- 記憶には，「覚えるとき」（符号化時）と「思い出すとき」（検索時）の環境・状況が一致（類似）しているほうが想起しやすいという文脈依存性がある。
- 記憶は，認知的な事実が脳内に保存されているわけではなく，記憶の想起内容は，思い出すときに再構成されている。

Lecture 6

感覚・知覚
外界のリアリティをつくりだすもの

Sensation and Perception

1 感覚とモダリティ
——知覚のもととなる感覚

　私たちは，五感を通じて外部の刺激を受け取ることで感覚が生じ，外界を認識しています。このような感覚にもとづく認識を，心理学では知覚（perception）と呼びます。

　知覚とは，物理・化学的刺激による情報が感覚器官（目や耳，皮膚などの刺激を受け取る外部器官のこと）を通じて脳に送られることで，外界の対象の形態や動き，身体内部の状態などを（感覚として）把握することです。知覚は，それぞれの感覚情報をもとに「明るい」「重い」「固い」などという自覚的な体験として再構成する認知的処理で，客観的なものとは限りません。つまり，知覚は「主観的な体験」なのです。

知覚のもととなる感覚（sensation）は，大きく以下の3つに分類されます。

1.1　特殊感覚——視覚，聴覚，味覚，嗅覚

特殊感覚や体性感覚は，各感覚器官の受容細胞などの興奮によって生じる感覚で，感覚器官に入力された情報が大脳皮質の感覚野に伝えられることで，知覚が生じます。

視覚，聴覚などといった感覚の種類をモダリティといいますが，眼が光，耳が音に反応するように，各感覚器官は，特定の刺激に対して反応するので，感覚の種類は感覚器官の種類によって決定されます。これを「特殊神経エネルギー仮説」と呼びます。

1.2　体性感覚——身体の表面や内部での感覚

体性感覚には，皮膚感覚（触覚，圧覚，痛覚，冷覚，温覚），深部感覚（重さの感覚，手足の位置などの感覚，運動感覚，振動感覚，深部痛など）や平衡感覚などがあります。特殊感覚とは異なり，感覚器官が外からははっきり見えず，皮膚や筋肉，腱，関節，内臓壁などに感覚器官があります。

体性感覚の1つである平衡感覚は，生体が運動しているときや重力に対して傾いた状態にあるときに，それを察知するはたらきで，前庭感覚系（三半規管）が中心に担っていますが，その他に深部感覚や皮膚感覚，そして視覚も重要に作用しています。平衡感覚は，前庭系，視覚系，深部感覚系，自律神経系が，脳幹，小脳，大脳，視床下部などの感覚器官と連携することで，その機能が維持されていることがわかっています。

1.3　内臓感覚——臓器感覚，内臓痛

　内臓感覚は，空腹感，満腹感，口渇感，尿意，便意などの臓器感覚や，内臓痛などです。感覚器官からの情報が大脳皮質に伝えられないこともあるため，明瞭に知覚されない場合もあります。

2　視　　覚

　視覚とは，光のエネルギーが網膜の深部に位置する視細胞（桿体細胞と錐体細胞）に刺激を与えることによって生じる感覚です。視覚によって，外界にある物体の色，形，運動，テクスチュア（質感，感触，手触り感など），奥行きなどについての情報や，物体のカテゴリーについての情報，物体の位置関係のような外界の空間的な情報などが得られます。

　可視光は，網膜において符号化され，視覚の中継核である<ruby>外側膝<rt>がいそくしつ</rt></ruby><ruby>状体<rt>じょうたい</rt></ruby>を経て，一次視覚野に達し，その後，大脳皮質によって処理されます。人間の視覚には，さまざまな特徴があります。代表的なものとしては，次のようなものがあります。

① **知覚の恒常性**：明るさ，大きさ，色，形などが，環境条件の変化によらず，比較的一定に知覚されること。

② **奥行き知覚**：平面である網膜上の情報から，3次元空間が知覚されること。

③ **運動知覚**：対象が動いていると知覚されること。なお，実際には対象が動いていない場合でも，運動を知覚することがあります。

④ **錯視**（錯覚）：客観的には正しくない知覚が生じること。

2.1 知覚の恒常性

■色の恒常性

　以前から経験的には知られていた「色の恒常性」という現象を，実証的な視点から明らかにしたのは，ドイツの生理・物理学者のヘルムホルツ（Helmholtz, H. v.）でした。

　太陽光や照明の光など物体に届いた光は，その物体に固有の分光反射率で反射されて，私たちの網膜に到達します。そして，この反射光のスペクトルの変化に対応して網膜に入力される光の波長成分は変化しており，それに対応して知覚される色は変化しているはずです。しかし実際には，私たちには，明るい部屋で赤く見えたリンゴは，薄暗い部屋で見ても赤く見えます。つまり，色の知覚に影響するはずの光の波長がある程度変化しても，同じ対象は同じ色として知覚されます。このような知覚現象を，色の恒常性といいます。

　物体に届いた光（照明光など）は物体固有の分光反射率で反射され，その反射光が私たちの網膜に届きます。網膜に届く光のスペクトル（波長成分）は，照明光のスペクトルの変化に伴って変化しています。しかし，私たち人間は，薄暗い部屋で見ても，赤いリンゴは赤く見えるように，照明条件の変化に影響されずに，同じ物体を同じ色として知覚することができます。このような知覚の性質を，色の恒常性といいます。

■大きさの恒常性

　私たちが物を見たときには，その大きさの知覚も生じます。この対象物の大きさの知覚は，網膜像の大きさ（見た目の大きさ）だけにもとづいて判断しているわけではありません。対象物までの距離に関する情報や知識，対象物の大きさや形についての知識など，さまざまな情報をもとにして大きさを知覚しています。たとえば，走り去って行く自動車を見ているときには，網膜像の自動車（見た目の

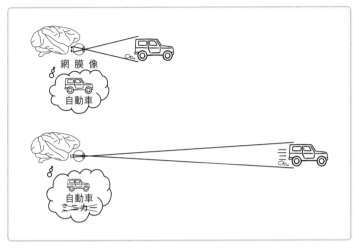

図 6-1　大きさの恒常性

自動車）の大きさはしだいに小さくなっていきますが，自動車の大きさは比較的変わらないように知覚されます（図6-1）。これが大きさの恒常性の一例です。

2.2　奥行き知覚──視覚的距離

　視覚情報は，網膜という平面上に網膜像として入力されますが，私たちは，そこから3次元空間的な情報を知覚しています（奥行き知覚）。このとき，私たちは，多くの視覚的手がかりを用いて物体までの距離を推定しています。

　視覚的距離（奥行き）手がかりとしては，以下の5つのカテゴリーがあげられます。

・両眼視差

・眼球を調節する筋肉の収縮状態（輻輳と焦点距離調節）

・運動視差

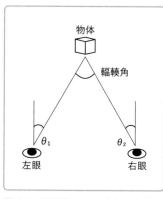

図 6-2　両眼視による奥行き知覚

・大気遠近法

・単眼投影像（線遠近，きめの勾配，陰影）

■両眼視差

　両眼視差というのは，見ている対象の右眼と左眼の網膜像の差異（ズレ）のことです。図 6-2 のように，特定の対象を両眼で見るとき，右眼と左眼では，対象への視方向（θ）が異なります。この視方向の違いが両眼の網膜像の差異を生じ，両眼視差になり，これが奥行き感を生じさせます。

　また，視線を特定の対象に向けることで，両眼が対象の方向に向くことによって生じる眼球の回転角度も奥行き感の手がかりとなっています。この物体から見て右眼と左眼とのなす角を輻輳角と呼びます。

■筋肉の収縮状態（輻輳と焦点距離調節）

　物を（両眼で）見るときは，像が網膜の中心にくるように眼球を回転させています。この角度（輻輳角）は，物体までの距離によって変化するので，眼球の回転角から奥行きを計算できます。図 6-3 では，近くの対象を見るときに両眼がより内側に回転しています（輻輳角は大きくなる）。

　また，何かを見るときには，眼球のレンズである水晶体の厚みを変えることで焦点を合わせており，近くのものを見るときほど，水晶体は厚くなります（図 6-3 右）。この水晶体の厚みを変える筋肉（毛様体筋）の緊張・弛緩からも奥行きを知覚しています。

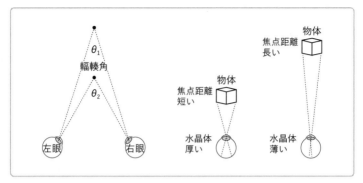

図6-3　輻輳角と水晶体の厚さ

■運 動 視 差

　何かを見ている人自身の身体の位置や視線方向の変化によって，視野内の対象物（網膜像）の位置は変化しますが，その網膜像の位置の変化と自分の位置や視線方向の変化が脳内で統合されることで，各対象までの距離感が生じます。これを運動視差といいます。たとえば，視線方向を同じだけ移動させても，近くの対象は大きく位置を変えますが，遠くにある対象ほど視野内で位置が変わりません。この対象による位置の変化量の違いで，対象までの距離感を知覚しています。歩いているときに，周囲の建物は視野内で次々と移動していくのに，遠くにある山などはほとんど動かないように見えるのは，この例です。

■大気遠近（法）

　地球上では，視点から対象までの距離が大きくなる（遠い）ほど，対象の明暗の差が少なくなり，輪郭線が霞んで見えるようになります。これは，視点と対象との間にある空気の量が影響するためで，これを大気遠近と呼びます。特に空気が湿気を含んでいる場合に，この現象は顕著になります。

このような経験から，明瞭に細部まで見えるものは近くにあり，はっきり見えないものは遠くにあるという距離感が知覚に生じます。これを利用しているのが，ルネサンス以降の西洋絵画で，遠くにある対象ほど淡い色合い（彩度を下げる）にし，輪郭線を不明瞭にすることで奥行きを表現しています。この技法は，レオナルド・ダ・ヴィンチが発見し，彼の作品の背景などにも使われています。

■線遠近・きめの勾配・陰影

線遠近（透視図法とも呼ばれます），きめの勾配，陰影は，いずれも日常生活での経験が基礎となって獲得された奥行き知覚の手がかりです。線遠近法は，イタリアの彫刻家・建築家ブルネッレスキによって発明されたもので，透視図法とも呼ばれ，2次元平面上の情報によって3次元空間を感じさせる手法です。視覚では，遠く（奥方向）に伸びる平行線が一点へと収束して見えるので，この性質を利用することで，収束する平行線によって遠近感を生じさせます。きめの勾配は，たとえばイネの苗が一定の間隔で植えられた水田の写真を見たとき，苗が大きく少なく写されている部分は近くに見えるが，苗が小さく，かつ多くなるにしたがってその位置は遠くなるように見えるように，きめを構成する要素の密度が徐々に変化する

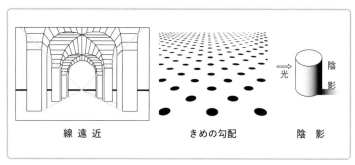

図 6-4　奥行き知覚の手がかり

場合には，その面は傾斜して奥行きがある面として見える現象です。陰影は，光が立体に当たった場合には影のでき方が立体の形によって異なって見えるという経験から，立体感や奥行き感を生じさせるというものです。

　これらはいずれも，ルネサンス期以降，絵画などの技術として応用されています。絵画という平面のキャンバスに3次元空間を表現するために，人間の知覚現象を応用しているのです。

　これまでの例からも気づかれたと思いますが，知覚のなかでも視知覚は，美術（特に絵画）の技術的基礎と関係が深いものがあります。西洋絵画は2次元のキャンバス上に3次元空間を再現する技術を発展させていました。これは心理学がそのメカニズムを解明するより以前から，優れた芸術家たちが経験と直感から，人間の視覚の本質を理解していたことを示すものです。

　最近では，3DやVR（バーチャル・リアリティ）の技術に，知覚心理学の研究成果が応用されています。私たちの経験（知覚）する世界は，ある意味では脳が生み出すバーチャルなものであり，心理学の研究成果は，日常生活のなかで有効に利用されているのです。

2.3　運動知覚

　運動知覚とは，対象の移動や動きを知覚することです。多くの場合，感覚刺激の対象が空間中を実際に移動したときに生じます。視野内の視覚刺激対象の動きに伴う網膜上の刺激位置の変化を知覚する視覚的運動知覚が一般的によく経験されますが，音を発する聴覚刺激対象が空間中を移動した場合には「聴覚的運動」として音の動きが知覚されます（救急車のサイレンの音が移動していくのを経験したことがあるでしょう）。

　しかし，視覚的運動知覚の場合，刺激対象が実際は静止していて

も，あたかも動いているように感じられる運動知覚があります。これには，運動残像，仮現運動，誘導運動などがあります。実際には対象が動いていなくても，対象の動きを感じるという現象は，知覚現象が生理的現象ではなく，心理的現象であることを象徴しています。

■運動残像（運動残効）

　映画などのエンドロールで，出演者や製作関係者の名前が延々と流れているのを（通常下から上に流れます）見ていて，最後に監督や映画会社の名前が出てきて中央に止まると，なぜかそれが下向きに動いているように感じたことがあると思います。これが「運動残像」で，観察した運動とは反対方向に緩やかに動く残像です。一定方向への運動を一定時間見ることによって順応が起こるために生じます。

　この効果は，片眼（たとえば右眼）だけで初めの運動を見続けて，次に左眼で静止した対象を見ても生じることから，眼のレベルではなく，脳のレベルで起こっていることがわかっています。

■仮現運動

　見かけの運動ともいい，2つの静止した対象を短い時間間隔で続けて異なる場所に呈示すると，一方の対象から他方の対象へ実際に運動しているかのように見える現象です。

　仮現運動の最も一般的な例は，映画です。映画のフィルムは，動かない静止画面を連続して呈示するものですが，これを連続して見せると動いて見えます（アニメも基本は同じで，パラパラ漫画がその例です）。

　電光掲示板のニュースの文字は，右から左や下から上に動いて（流れて）いるように見えますが，実際に何かが動いているわけではなく，文字のパターンに点灯する電球の位置が変わっているだけで

なぜ世界は揺れていないのか

　この Column のタイトルの意味がわかりますか。私たちは，主に視覚によって外界をとらえていますが，その最初の情報＝視覚像は，網膜に映ります。しかし，私たちが歩いていたりすると，頭や体は揺れているので，網膜像も揺れています（歩きながら撮影したビデオ画像と同じです）。歩きながら撮影した動画は（手ぶれ修正ソフトを使っても）画面が揺れていて，見ていると船酔いに近い感覚を生じることもあります。

　しかし，日常，私たちは歩きながら周囲を見ても，世界は揺れていません。これは，脳が外界の動いているものと動いていないものを区別して，自動的に網膜像の揺れを修正しているためです。何らかの理由でこの機能に障害が起こると，めまいが起きたり，立っていることができなくなることもあります。平衡感覚も，この機能で重要な役割をもっています。

6

感覚・知覚

す。

　なお，仮現運動は，視覚的なものに限らず，聴覚や視覚でも生じることが知られています。

■誘 導 運 動

　2つの対象のうちの一方が動いているときに，実際にどちらが動いているかには関係なく，背景としてとらえられたもののほうは静止していると知覚され，背景のなかの対象としてとらえられたものが動いているように知覚される現象です。

　夜空の月の周囲に流れ雲がかかってくると，雲の動きよりも月が反対方向に動いているように見える現象は，誘導運動の例です。また，自己の運動に関する情報も視覚から得られるため，時に視覚誘導性の自己運動感覚などを引き起こす原因にもなります。たとえば，駅でホームに複数の列車が止まっているとき，自分の乗っている電

車は動いていないのに，隣のホーム側の電車が動き始めると，自分の乗っている電車のほうが，向こう側の電車の動く方向とは逆方向に動いて感じられる現象も誘導運動です。

　誘導運動は，遊園地のアトラクションにも利用されています。たとえば，通称「びっくりハウス」というのは，部屋の内壁が回転することによる錯覚（誘導運動）を利用した小部屋型アトラクションです。客が家の中に入り，部屋の中央にあるイス（ブランコ式，ゆりかご式，ドラム式など）に座ると，イスが揺れると同時に，部屋の床や壁，天井が縦に回転し始めます。床と天井が上下逆さまになるために，無重力感や，自分が上下逆さまになったような錯覚が生じます（乗った後で，めまいや吐き気を生じることもあります）。

　今では，実際に360度回転させてしまうアトラクションも珍しくありませんが，実際にはブランコ程度の揺れで（危険もなく）360度回転を経験させることができるびっくりハウスのほうが，人間の知恵を感じさせるのではないでしょうか。かつては日本でも多くの遊園地などに設置され，定番のアトラクションとして人気を博していました。

2.4　錯　　覚

　感覚受容器や感覚神経などの機能（感覚系）には異常がないにもかかわらず，実際と異なる知覚が生じることがあり，これを錯覚といいます。なお，対象物が存在していないにもかかわらず知覚が生じている（と感じる）幻覚とは区別されます。

　心理学で扱う錯覚は，注意深く観察しても，予備知識（正しい知識）があっても生じる，人間の感覚・知覚特性によってつくりだされる普遍的な現象です。錯覚は，知覚の誤り（失敗）と思われていることが多いのですが，知覚のもつ性質の１つなのです（図6-5）。

ツェルナーの錯視　　　カニッツァの三角形

蛇の回転錯視

（注）左上の図形は，4本の平行線が平行には見えない（4本の線分の左右の端を見れば，
　　上下に等間隔であることは明らかである）。右上の図形は，中央に存在しない正三角形
　　が見える（輪郭はないのに，輪郭線が見える）。下の図形は，静止画であるが，少し動
　　いて（回転して）いるように見える。
（下図）北岡明佳作成。

図 6-5　錯視（視覚の錯覚）図形の例

3 聴　　覚

聴覚とは，一定範囲の空気の振動（周波数の音波）が，耳（外耳，中耳，内耳，聴神経，聴覚皮質などの器官）によって，神経活動情報に変換され，音の強さ，音高，音色，音源の方向，リズム，言語などとして知覚される能力，機能のことです。

耳は，耳の穴から鼓膜までの「外耳」，空気の振動を鼓膜で受けとめて小さな骨（耳小骨）を介して内耳へ伝える「中耳」，音を神経の信号に変換する蝸牛と三半規管や耳石器からなる平衡器官がある「内耳」の3つから構成されています。

この感覚が生じることを「聞く = hearing」といい，聴覚を用いて意識的に認知的処理を行うことを「聴く = listening」といいます。

3.1　聴覚と可聴帯域

人間の可聴帯域は，20Hz から 15,000 ないし 20,000Hz 程度です（個人差があり，かつ加齢によって上限は低下します）。参考までに，ピアノの 88 鍵＝最低音から最高音の幅は，30 から 4,000Hz で，可聴帯域内では比較的低いほうに集まっていることがわかります。また，可聴域を超えた周波数の音は，超音波といい，知覚できません（聞こえません）。

動物は，種によって可聴帯域（特に上限）が大きく異なるため，他の種がコミュニケーションに使用している音声を知覚することができないことがあります。代表的な動物の可聴帯域の上限は，ヒトで 20kHz，コウモリ 400kHz，イルカ 200kHz，イヌ 135kHz，ラット 80kHz，スズメ 18kHz，カラス 8kHz，セミ 20kHz などで，意外にもヒトと大きく変わらないものも多いことがわかります。

また，実験用のネズミの声は，人には超音波で聞こえませんが，親が子の識別に使用しており，研究用に mouseTube という国際的データベースがあります。

3.2 聴覚と他の知覚との関係

聴覚にも，視覚と同じように，空間的な方向定位（音源の位置の知覚）があります。そして，両耳が頭部の左右にあり，音波が両耳に届く時間の差で音源の方向を把握しているため，水平方向の知覚が垂直方向よりも優れています。また，聴覚は視覚と連動しており，音源定位には視覚優位性があります。たとえば，オーケストラの演奏を聴いていて，フルートがメロディを吹いたとき，それを見ていればその音の位置がすぐにわかりますが，録音のように音だけ聞いていると，フルートの音の位置は明確にはわかりません。

ところで，視覚と聴覚が連動しているとすると，私たちが視覚と聴覚を同時に使っているときには，光速と音速の違いは，どのように処理されているのでしょうか。たとえば，1km先の花火を見ている場合，花火が見えてから約3秒後に音が聞こえます（音速は結構遅く，気温20度のとき秒速343.6m，光速はその88万倍です）。ではなぜ，0.1秒以下を争う短距離走のスタートに光ではなくピストルの音を使っているのでしょうか。

物理的な刺激の伝達だけを考えれば，短距離走のスタートの合図は，音より光のほうが，より正確ということになります。そして，実際に，光刺激のほうが音刺激よりも，速く感覚器官に到達します（それは花火の例で誰もが経験しているでしょう）。しかし，知覚では，刺激が眼や耳という感覚器官に到達してから，各感覚神経を通じて脳のそれぞれの感覚皮質に伝えられ，それらが統合野に伝えられて，現実生活への適応上1つの知覚として経験される必要があるために，

伝達速度の遅い聴覚刺激の処理に合わせて脳は視覚刺激の処理にディレイ（遅延）をかけています。そのため，視覚刺激に対しては，聴覚刺激よりも処理が遅くなり，その結果として反応も遅くなるのです。

　実際にトップアスリートを対象に行った実験でも，光でスタートの合図をしたときのほうが，音でスタートを合図したときのタイムよりも，100m走のタイムは遅くなることが確認されています。

3.3　音と音楽

　音を一定の条件で組み合わせると，人間には音楽として知覚されます。音楽といっても，時代や地域により，さまざまな音楽がありますが，ここでは，読者のみなさんにとって生まれたときから最もなじみのある西洋音楽を前提として説明します（以下の記述での「音楽」は，西洋音楽の意味です）。

　音楽の基本要素は，音高（ピッチ）の変化（メロディとして知覚される），和声（調性として知覚される），リズム（音の規則的な時間的推移として知覚される）です。音高は，空気の振動の周波数の違いであり，和声は異なる周波数の組合せ，リズムは音の時間間隔の規則性によって決まります。つまり，音楽の構成要素は，基本的に数的な規則によって説明できるのです。

　実際に，西洋音楽の専門教育を受けた人（作曲家や演奏者）には，理系的な認知能力が優位の人が多いことがわかっています。

3.4　音楽と情動

　音楽には，調性感（長調，短調）が伴います。そして私たちは，聴いている音楽の調性がわからなくても，長調の曲は明るく楽しく，短調の曲は悲しく暗く感じる傾向があります。つまり，周波数が異

なる複数の音（空気振動）の組合せしだいで，喚起される私たちの情動の種類が異なるのです。ただし，これには経験が関係していて，西洋音楽（子守歌や童謡なども含みます）をまったく聴いたことがない人には，こうした情動喚起は明確には起こりません。

　また，ドミソのような協和音に対して，不協和音を聞くと不快な感じを受ける傾向があります。生後8週間の乳児に音楽を聞かせると，不協和音をいやがる反応をします。つまり，生後わずか50日程度で，協和音と不協和音を聞き分け，快・不快と結びつけているということです。

　協和音というのは，構成する音の周波数の比率が単純なものであり，純正な音程の場合，オクターブを構成する音の周波数比が1：2，完全5度では周波数比が2：3など，整数比となります。一方，不協和音では，構成音の周波数比は整数比ではありません。

　なお，このような複数の音の周波数の比率の組合せによって，なぜ脳が協和音（快）と不協和音（不快）に区別するのかというメカニズムは，まだよくわかっていません。

3.5　音楽と脳

　近年の脳画像研究の結果，音楽の認知処理に特化した脳領域があるわけではないことがわかっています。しかし一方で，音楽は，処理時に，会話と共通の脳領域を使用していることも示唆されています。連続した音刺激を音楽として認知するためには，それを何らかの形で構成することが必要ですが，言語理解でも，連続した音刺激を意味のある発話として理解するためには，それを構成することが必要なためと考えられます。

　つまり，いずれも音という要素を一定のフレーズ（まとまり）として認知することで，理解することができるようになるという点で，

音楽と言語の共通性を示唆するものです。なお，ここでいう言語は，語彙と文法で構成されるルールにもとづいた言語のことで，コンピュータでもプログラム可能なルールベースの言語のことです。

　ところで，生後50日の赤ちゃんでも，不協和音に不快感を示すように，音楽は聴き手の情動を覚醒します。これは，音楽による情動の喚起が，その音楽と結びついた過去の記憶によって覚醒されるとは限らないことを意味しています。

　ある種の空気の振動がなぜ情動に訴えるのかということは，興味深い問題です。脳画像研究は，好きな音楽を聴いているときは，脳の快感領域（性的満足や，麻薬，チョコレートを食べたときに反応する領域）と同じ部位が活性化することを示しており，音楽が生理的に満足感を引き出すことがわかります。脳の聴覚野の大きさは，プロの音楽家は一般人より30％も大きいことも示されており，音楽経験に対応して脳も変化することがわかります。また音楽は，直接情動の処理を担当している辺縁系にも影響し，強い情動を引き出すこともあることがわかっています。

3.6　言語と聴覚

　子どもがまず話しことばから学習するように，言語は，聴覚と密接にかかわっています。聴覚野は，シルビウス裂（Sylvian fissure）の周辺の主として側頭葉に位置していますが，言語は，左半球優位の処理である場合が多く，言語の理解はウェルニッケ野（Wernicke's area），言語の出力（話すこと）はブローカ野（Broca's area）にあります（図6-6）。この2つの領域が離れていることは，言語を理解できても話せない場合や，その逆というように，機能の障害が独立して起こることからも確認できます。

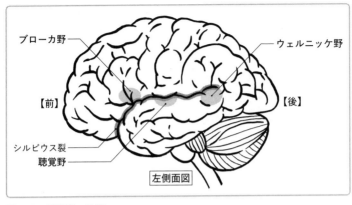

図6-6　言語野の位置

ブローカ野

ウェルニッケ野

【前】

【後】

シルビウス裂

聴覚野

左側面図

4　味覚・嗅覚

　味覚は，飲食したときに感じる感覚であり，飲食物に含まれる化学物質が舌の表面にある味蕾の感覚受容器によって検知されることで生じる感覚です。甘味，酸味，塩味，苦み，うま味の5つが基本味とされていますが，一般的には苦味が最も感度が高く（検知されやすい），次いで塩味，酸味，甘味，うま味の順で感度が下がっていくように，味覚の種類によって最小感度（閾値）と応答強度が異なります。

　一方，嗅覚は，匂いや香りの感覚で，揮発性物質が嗅覚器の感覚細胞を化学的に刺激することで生じます。ヒトのような陸

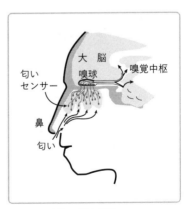

大　脳

匂い
センサー

嗅球

嗅覚中枢

鼻

匂い

図6-7　嗅覚の脳内経路

上性の動物は，空気中の化学物質を感知していますが，魚類などの水生動物は水中の化学物質を「匂い」として検知しています。

　嗅覚は，感覚のなかでも最も原始的な感覚といわれることがありますが，人間の感覚のなかで，感覚受容器から対応する脳部位までの距離が最も短いのが嗅覚です。嗅覚の感覚受容器がある鼻腔のすぐ上に嗅球があり，そこから感覚中枢まではすぐです。これは，魚類も含めて他の動物にも共通で，光や音がない世界でも，嗅覚は外界の情報を得るのに有効なため，他の感覚をもたない最も原始的な動物でも嗅覚が存在します（つまり進化的に最も古い感覚）。そして感覚中枢である嗅球は，視覚や聴覚とは異なり，扁桃体と海馬という情動と記憶を処理する部位に直接接続されています。匂いが手がかりとなって過去の記憶がよみがえる「プルースト現象」は，この嗅覚の神経系のメカニズムが関係しているのです。

Lecture 6 のまとめ

- ・知覚とは，感覚器官への物理・化学的刺激による情報をもとに，外界の対象の性質や身体内部の状態を感覚として把握することである。
- ・知覚は，それぞれの感覚情報をもとに自覚的な体験として再構成する認知的処理で，客観的とは限らない「主観的な体験」である。
- ・視覚とは，光のエネルギーが網膜の深部に位置する視細胞に刺激を与えることによって生じる感覚である。
- ・聴覚とは，一定範囲の空気の振動を，耳によって神経活動情報に変換し，音や言語などとして知覚することである。
- ・味覚は，飲食物に含まれる化学物質が舌の表面にある味蕾の味覚受容体によって検知されることで生じる。
- ・嗅覚は，揮発性物質が嗅覚器の感覚細胞を化学的に刺激することで生じる匂いや香りの感覚である。

Lecture 7

遺伝と環境
心は生まれつきのものか
Genetics and Environment

1 心理的機能の個人差の原因は何か

　心理的な特徴は，いろいろな側面に**個人差**が認められることが知られていますが，心理学では次の3つを主要なテーマとして研究しています。それは，一般に知能と呼ばれている**基本的認知能力**（以下，知能），**パーソナリティ**（性格），**認知スタイル**です（それぞれについては➡ Lecture 8, 9, 10）。これらの心理的機能にはいずれも個人差がみられますが，その原因として**遺伝**と**環境**（生得的な要因と経験的な要因）がかかわっている（相互作用）ことが知られています。この問題については，古くから「氏か育ちか」，つまり，生まれつきか経験かという問いとして議論されてきました。

　この遺伝と環境の相互作用論は，心理学の研究の歴史のなかでは，おおよそ以下のような経緯をたどっています。

① 20世紀はじめ頃まで：遺伝の影響を重視（生得説が優位）

② 1920年代〜1970年代：環境の影響を重視（環境説が優位）

③ 1970年頃〜：遺伝と環境の相互作用論

④ 1980年代〜現在：遺伝の影響の再認識（新・遺伝主義＝生得説が優位）

⑤ 2000年頃以降：エピジェネティクス現象の発見（新・相互作用論：両方の重要性を再認識）

2 遺伝と環境に関する主要な疑問

遺伝と環境の影響ついては，両方とも重要だとしても，いろいろな疑問があります。主要なものだけでも，たとえば，

・遺伝と環境では，どちらの影響が大きいのか？

・遺伝だけ，あるいは環境だけで決まってしまうものがあるのか？

・遺伝と環境が両方とも影響する（相互作用する）場合，遺伝と環境の関係とは，どのようなものなのか？

・どのような心理的特性が，主に遺伝するのか，また，どのような特性が，主に環境の影響を強く受けるのか？

・遺伝的影響の結果は，生涯変化しないのか？

・生後すぐから幼少期と，成人以降では，遺伝の影響は，どちらが大きいのか？

などの疑問があります。

そこで，これらの疑問についてみていくことにしましょう。

2.1 遺伝的要因が心理的特徴にどの程度影響しているのかを調べる（行動遺伝学）

　個人の能力やパーソナリティなどの心理的特徴や行動傾向は，基本的には遺伝的要因と環境的要因の相互作用で形成されると考えられています。つまり，「個人の心理的特徴＝遺伝的要因×環境的要因」という式で表せます。このとき，環境的要因は，共有環境と非共有環境からできている点に注意が必要です。**共有環境**というのは，単にきょうだいがいっしょに育った同じ家のように，家族の成員間で共有されている物的な環境的要因というだけではなく，家族の成員間の類似性を高めるようにはたらく環境の効果，たとえばその家庭の生活習慣や教育方針，価値観などのように，ある家族成員に対して一律にはたらく家庭環境を含みます。一方，**非共有環境**というのは，同じ家庭で育ったきょうだいでも，それぞれ友人や経験は違い，またその関係のもち方や影響の受け方が異なるように，個人の独自な経験としての環境的要因をさします。

　このような遺伝的要因と環境的要因による個人差への影響を，数的指標にもとづき，統計的分析によって明らかにするのが行動遺伝学です。行動遺伝学では，ある血縁関係にある個人間の特定の**表現型**（身長や外向性などのように，外部から直接観察・測定可能な特徴）の類似性について，その遺伝子の共有度や環境の共有度の関数として表現することで，その表現型の背後にある遺伝と環境の影響を量的に説明する方法を使用します。最も一般的な方法は，同一家庭で養育された一卵性双生児と二卵性双生児の類似性を比較する双生児法ですが，それ以外にも親子・きょうだいのような異なる血縁関係間の類似性を比較する方法や，養子となった子と養子先の家族や生物学的家族との類似性を検討する方法などもあります。行動遺伝学では，特定の表現型の個人差に対する遺伝的要因の効果の大きさを

「遺伝率」で表します（⇒ 2.3）。しかし，単にある心的特徴（たとえば知能指数や外向性の得点）の遺伝率を示すことだけが目的ではありません。個々の心的特徴についての複数の指標を同時に測定し，その縦断的なデータを収集することで，たとえば空間的知能と数学の学業成績との関係について，遺伝と環境それぞれの寄与や媒介の程度を推定することが可能になります。「遺伝的」という表現は固定的なイメージとして受けとられやすいですが，環境的要因の影響を受けやすいかどうかも遺伝的な規定を受けているものがあり，遺伝的影響はさまざまな能力や特徴の**変化**にも**影響する**点を理解することが重要です。

2.2　遺伝率と環境的影響を数値化する

　遺伝率とは，ある表現型（たとえば身長）に対する遺伝的要因の効果量を表すもので，「表現型の全分散」に対する遺伝による分散が占める割合のことであり，h^2 で表します（なお「分散」というのは，データのばらつきを示す統計的指標です）。身長を例にすれば，対象とした人（集団）の身長の違い（ばらつき＝個人差）の何 % が，遺伝的要因による分散（ばらつき）として**説明できる**かを示す指標であり，**個人の身長の何 % が遺伝で決まっているという意味ではありません**。

　心理学で研究される個人差は，遺伝子情報自体を調べるのではなく，知能検査やパーソナリティ（性格）検査の結果のような測定や観察によって数値化が可能なもので，すべて表現型です。表現型の分散は，遺伝率＋共有環境＋非共有環境＋測定誤差によって表されます。なお，心理的特徴の多くは，身長のように直接ほぼ100%正確に測定できるわけではなく，使用する検査などといった道具の精度によって一定の誤差が生じますが，これを測定誤差と呼びます。

遺伝率の求め方

　行動遺伝学で，心理的属性の遺伝率と環境の効果を計算する方法の例を説明しましょう。ここでは，双生児法による外向性の遺伝率の算出法の最も基本的な例を紹介します。なお，ここでは以下の生物学的な事実を前提としています。

　・一卵性双生児は，100%遺伝子を共有している
　・二卵性双生児は，50%遺伝子を共有している（一般的なきょうだいと同じ）

　はじめに，一卵性双生児のペアと二卵性双生児のペアそれぞれの外向性得点の相関係数を算出します。相関係数というのは，2つの変数（たとえば，身長と体重）の関係を示す統計学的指標の r で示されます。r の数値の範囲は，$-1 \sim 1$ で，$r=1$ のときは，2つの変数が完全に対応していることを意味し，$r=0$ のときは無関係，$r=-1$ のときは完全に反対の（一方が増加すれば他方は減少する）関係であることを示します。

　遺伝率の計算は，$h^2=$（一卵性双生児の相関−二卵性双生児の相関）$\times 2$ で求めます。以下の例は，あるパーソナリティ検査の「外向性」の得点によるものです。

　一卵性双生児のペアの相関係数 $r=0.86$，二卵性双生児のペアの相関係数 $r=0.58$ のとき，遺伝率 $=(0.86-0.58)\times 2=0.56$

　この例では，外向性の得点の個人差についての分散の56%を遺伝分散で説明できることを意味しています。このとき，ここで使用した外向性得点を測定する検査の信頼性が 0.8（測定誤差は $1-0.8$ で 0.2）であるとすると，$1-0.56$（遺伝率）-0.2（誤差）$=0.24$ となり，24%が環境分散ということになります。ここで注意すべきことは，遺伝率が 0.56（分散の56%）であっても，残りのすべて（44%）が環境的要因によって説明されるわけではなく，検査には一定の誤差があるので，それを考慮すると実際の環境の効果は，結構小さくなるということです。

　また，一卵性双生児の不一致率 0.14（$=1-0.86$）が非共有環境分散であり，共有環境分散は $0.24-0.14=0.1$ となります。つまり，最終的な外向性得点の個人差の分散の推定値は，遺伝（0.56）＋共有環境（0.1）＋非共有環境（0.14）＋誤差（0.2）ということになります。この例のように，遺伝率が 0.56 であっても，残りのすべてが単純に環境

7

遺伝と環境

的要因による分散として説明されるわけではなく，環境的効果も共
有・非共有に区別され，また測定値には測定誤差があることを忘れて
はいけません。

測定誤差は，知能検査などでは約 10 ％程度，パーソナリティ検査
などでは約 20 ％程度以下のものを使用するのが研究では一般的で
す。

2.3　心的機能への遺伝的要因の影響

■遺 伝 率

身長や体型，顔つきなどといった身体的特徴が，ある程度遺伝す
ることは，誰でも気づいているでしょう。同様に，直接は目に見え
ないような心理的特徴でも，遺伝的な規定を受けているものは数多
くあります。たとえば，知能（検査の測定結果としての IQ）や主要な
パーソナリティ（性格）傾向では，遺伝率が 50 ％以上を示すものが
あることが報告されています。また，それ以外でも，自尊心の高さ，
政治的態度（保守的か革新的か），職業興味，適性など，数多くの心
理的特徴や傾向が一定の遺伝率を示すことがわかっています。行動
遺伝学的研究では，遺伝的影響がない心的特性についての報告のほ
うが少ないため，代表的な行動遺伝学者のレーリン（Loehlin, J. C.）
は，「何が遺伝しているかではなく，遺伝的影響を受けない特性を
探すべきである」と提案しているほどです。表 7-1 に，これまで
の研究で報告されている遺伝率の例を示しておきます。

ただし遺伝率には，算出の基礎となるデータとして，どのような
血縁関係の組合せを遺伝率の計算をする対象とするかによって一定
の変動があることが知られています。例として，知能の遺伝率を，
もとになったデータの血縁関係別に算出すると，以下のような違い

表7-1　遺伝率の例

身体的特徴		知覚的特徴	
身長：0.86		空間知覚：0.46	
体重：0.80		知覚速度：0.46	
認知的特徴		パーソナリティ（性格）的特徴	
知能：0.50		外向性：0.54	
記憶：0.32		情緒的安定性：0.58	
推理：0.48		衝動性：0.38	

（注）1を100％とした値。
（出所）Plomin, 1990.

がみられました。

・いっしょに養育された一卵性双生児（遺伝子共有率100％）と二卵性双生児（遺伝子共有率50％）（共有環境は同じ）によって算出された遺伝率：0.52

・別々に育てられた一卵性双生児（遺伝子共有率100％，共有環境0％）によって算出された遺伝率：0.72

・実際の親子（遺伝子共有率50％）と養子関係の親子（遺伝子共有率0％）（共有環境は同じ）によって算出された遺伝率：0.46

・養子として別々に育てられたきょうだい（遺伝子共有率50％，共有環境0％）によって算出された遺伝率：0.48

現在では，このような多様な血縁関係（養子も含む）や環境条件で得られたデータを，連立方程式のように組み合わせて計算することで，より精度の高い遺伝率を求めるようになっています。しかし，これらの複数の条件でのデータをみれば，知能の遺伝率がおおよそ0.5以上であることがわかると思います。

■知能の個人差に影響する遺伝と環境

行動遺伝学では，サンプルが異なれば異なる結果が得られることがあり，常に標本データの偏りを考慮する必要があります。しかし，

そのような条件を考慮しても，知能（知能指数：IQ）の遺伝率は約50％程度以上であり，環境としては，共有環境の影響は小さく，非共有環境のほうが重要だということが示されています。

　知能に対する遺伝の影響は，発達過程を通じてその効果を維持しますが，成人後にはその影響が相対的に増大することが知られています。一般的には，遺伝の効果は環境の影響を受けていない生まれたばかりのときが一番大きく，その後，成長とともに経験を重ねるほど環境の影響が大きくなると考えられている場合が多いですが，実際には遺伝子型と環境との間に生じる**相互作用**の効果によって，個人がもつ遺伝的要因の効果が発達過程で増幅されるためと考えられています。人は受動的に環境の影響を受けているのではなく，**自分の独自性を表現できる環境を主体的に選択し，その影響を受けて**いるためです。この相互作用については，次の節で詳しく説明します。

　また，発達とともに新たな遺伝的要因の効果が漸次的に加わるという可能性もあることが報告されています。同じ双生児や養子を長期間にわたり追跡した研究では，1歳時の遺伝的効果がその後の発達期間を通じて一貫して影響力をもちますが，その後もそれぞれの時期に新たな遺伝的影響が加わることを示しています。言語的発達や社会的環境が大きく変化する2～3歳頃や，児童期になり学校生活という新たな社会環境に適応することを求められる7歳頃に，環境の変化に対応して新たな遺伝的資質が解発される仕組みがある可能性が示唆されています。

■**パーソナリティ（性格）の個人差に影響する遺伝と環境**

　基本的なパーソナリティ傾向の個人差は，遺伝的要因の影響がかなり大きいことが報告されています。「外向性―内向性」の程度については，個人差の50％以上が遺伝的に規定されているとする研

究もあります。パーソナリティ傾向の場合，測定誤差が 10 〜 20%
程度あるため，この数値は実質上環境的要因の影響の 2 倍程度ある
ことを意味することになります。

　パーソナリティには他にもさまざまな側面がありますが，その主
要な特徴（傾向）については，全体として 40 〜 50% 程度が遺伝的
影響を受けていると考えられています。近年，行動遺伝学的なアプ
ローチによるパーソナリティ研究は，遺伝的・環境的影響の効果量
の推定から，新たな段階へと進んでおり，最近の研究では，パーソ
ナリティと心理的不適応との関連性の検討や，パーソナリティに対
する遺伝的影響の原因となる遺伝子を特定するために分子遺伝学的
研究法を応用することなどが行われています。将来的には，どの遺
伝子が心的健康や不適応について影響しているのかについても解明
できる時代がくるかもしれません。

3　遺伝と環境の相互作用

　遺伝的要因と環境的要因の影響で，心理的特徴や傾向が形成され
るとき，遺伝と環境は相互作用をしているといいましたが，それに
は次のような特徴があります。なお，以下で「環境」といっている
ものは，物理的環境のみならず経験や他者なども含む広義の環境で
す。

　①　遺伝的条件が異なれば，同じ環境であっても，個人に対して
　　異なる影響を与える。

　②　遺伝的条件が異なれば，個人は，環境から異なる反応（や結
　　果）を引き出す。

　③　個人は，自分のもつ遺伝的条件に合わせて，自分に適した環
　　境を選択し，環境を自分に合わせて変えることがある。

3.1 遺伝と環境の相互作用①――「遺伝的条件が異なれば，同じ環境であっても，個人に対して異なる影響を与える」

たとえば，同じ家庭環境で育ったとしても（同じ環境的条件），きょうだいでは遺伝的要因がある程度異なるので（平均50％程度異なる），きょうだいでも能力的な得意・不得意や，パーソナリティ傾向などが違ってきます。両親が，子どもが小さな頃から自発性を尊重し，自律的な行動をするように育ててきても（自発性，自律性を尊重する環境を与えても），遺伝的条件が異なるために，兄は積極的でリーダーシップを発揮するようになっても，弟は自分勝手で集団行動を苦手とするようになるかもしれません。つまり，環境的条件が単独で，遺伝的条件と無関係に能力やパーソナリティに影響するわけではないのです。もちろん，個々の環境的条件は誰に対してもある程度共通の影響を与えますが，固定的な効果をもつわけではありません。なにげない癖や，行動習慣などは，学習の結果として，同じ家庭環境を共有する親子やきょうだい間で似てくることはありますが，同じ環境で生活しているからといって，必ず能力やパーソナリティが似てくるとは限りません。

　したがって，本やマスメディアで紹介されるようなタレントや有名人の個人的経験にもとづく「理想的な子育て論」のような子育ての効果を一般化することはできません。スパルタ教育をした場合，ある子どもの遺伝的条件が，たまたまスパルタ教育という環境に適合していれば，その子はしっかりした人に成長するかもしれませんが，遺伝的条件が異なる子の場合には，スパルタ教育という環境が，その子を萎縮させ，不適応を引き起こすかもしれないのです。

3.2　遺伝と環境の相互作用②――「遺伝的条件が異なれば，個人は，環境から異なる反応（や結果）を引き出す」

　遺伝的条件が異なる個人は，行動や反応が異なるために，環境（特に他者）との相互作用が異なるので，結果的に同じ環境（または同じ他者）から異なる結果（反応）を引き出します。たとえば，きょうだいでは，遺伝的条件がある程度（50％程度）異なるため，同じような経験（たとえば，クラブでキャプテンに選ばれること）が，姉にとっては他の部員との積極的なかかわりを引き出し，それによって生じた相互作用によって自己洞察を深め，心理的に成長するようなきっかけとなるのに対して，妹にとっては他の部員からの過剰な期待を引き出し，それによる義務感からプレッシャーが生じて，ストレスを感じるようなことが起こります。

　遺伝的条件が異なれば，同じ相手からでも，違う反応を引き出すこともあります。母親に同じことを言ったつもりでも，兄が言うと納得してもらえず，弟が言うと OK が出たりすることがあるのは，単に母親が下の子どもに甘いからとは限りません。

　なお，①と②の相互作用は，基本的に共通しているとみることもできますが，①の相互作用では，環境からの効果に対して受動的な側面（環境条件をどのように受け取るか）を重視しており，②の相互作用では，環境からの効果に対する能動的な側面（自分が環境条件から何を引き出すか）を重視しているという違いがあります。

3.3　遺伝と環境の相互作用③――「個人は，自分のもつ遺伝的条件に合わせて，自分に適した環境を選択し，環境を自分に合わせて変えることがある」

　遺伝的条件が異なれば，選択する環境やかかわりをもつ他者も異なるので，結果的に環境から受ける影響は違うことになります。遺

伝的条件によって（自覚はなくても）異なる環境を選択することは，自分（の遺伝的条件）に合った環境を選択することでもあるのです。

　たとえば，同じ大学に入学しても，個人によって所属するサークルのタイプは異なり（サークルなどに所属しないという選択もあります），友人の選択や関係のもち方も異なります。その結果，個人が影響を受ける環境や友人は，それぞれ独自のものになっていきます。重要な点は，個人は環境の影響を受けますが，その環境の選択には，個人の遺伝的要因が影響している可能性があるということです。

　遺伝的要因は，環境的要因を通しても影響を与えているので，遺伝的要因と環境的要因は独立しているわけではありません。これが遺伝と環境の相互作用の重要な意味の1つです。

3.4　遺伝的条件は初期条件としてはたらく

　「遺伝的に規定されている」ということは，決定論とは異なります。「遺伝的要因の影響が強い」ということは，生まれつき決まっているということではありません。しかし，遺伝についての問題を理解しようとするとき，このような誤解がしばしば起こります（なお，生まれつきは「生得的」と呼び，「遺伝的」とは若干意味が異なります）。

　心理的特徴に関する遺伝的な規定とは，多くの場合，環境の選び方や，環境からの影響の受け方が，遺伝的に規定を受けているということです。また，遺伝的要因の違いは，初期条件が異なるということでもあります。

　初期条件とは，遺伝的条件の発現可能性の範囲（図7-1の矢印の長さ）のようなものです。初期条件が異なれば，最大値（発現可能性の上限）は異なり，経験（努力）の結果としての成果の上限も異なることになります。しかし，それは実際の結果（成果）と対応する

とは限りません。

図7-1の例では、ある能力の遺伝的な初期条件に差があり、AさんよりBさんのほうが高い能力的資質をもっていますが、実際には、Aさんのほうが成果を出している場合を示しています。つまり、遺伝的条件は実際の結果をそのまま反映するとは限らないのです。しかし、遺伝的（初期）条件という一定の制約を超えた結果を望むことも難しいということも理解することが大切です。現実的には、無限の可能性というものはありません。

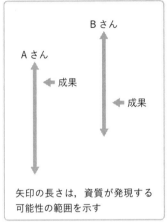

矢印の長さは、資質が発現する可能性の範囲を示す

図7-1　ある能力の遺伝的（初期）条件と実際の成果

4　遺伝と環境の相互作用の新たな発見

遺伝と環境の相互作用に関連して、最近、新たな発見がありました。この遺伝学の分野で新しく発見された非常に興味深い現象は、**エピジェネティクス現象**といいます。エピジェネティクス（epigenetics）とは、一般的にはDNAの遺伝子情報（塩基配列）の変化がないにもかかわらず、細胞分裂後も受け継がれる遺伝子発現あるいは細胞表現型の変化のことです。

つまり、DNAという遺伝子情報自体（遺伝子型）に変化はなくても、表現型に変化が生じることがあるということで、遺伝的条件は同じでも、現れる形質（表現型）が異なることがあるのです。

たとえば、クローン（遺伝子情報はまったく共通の複製）のネズミ

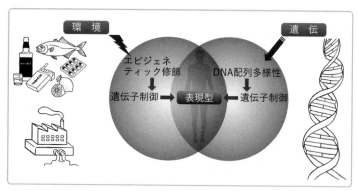

図 7-2　エピジェネティクス現象のイメージ

でも，尾の長さ（表現型）が異なる個体が生まれるなど，複数の事例が報告されています。

　このエピジェネティクス現象は，「DNA のメチル化」あるいは「脱メチル化」が起こることによって，DNA がもつ遺伝子情報（塩基配列）自体は変化しなくても，遺伝子のオン・オフが切り替わることで起こります（DNA の遺伝子情報は，そのすべてが発現するわけではなく，その一部がオンになることで読み出されて，表現型として現れます）。そしてこの現象は，胎児期の栄養条件や環境物質のようなさまざまな環境的要因によって起こると考えられています。近年の研究では，遺伝と環境の相互作用として，さまざまな環境的要因による遺伝的要因への効果が再認識されているのです。

Lecture 7 のまとめ

- 遺伝と環境は相互作用をしているが，遺伝的要因はある種の初期条件としてはたらき，遺伝的条件を前提として環境的条件が作用することが多い。
- 遺伝的要因は環境（経験）を通じて個人に影響を与えている。つまり，人間は環境から影響を受けるが，その影響の受け方が，遺伝的要因に影響を受けている。
- 遺伝的要因の効果（発現）は，環境によって変化することがある。つまり，遺伝的要因による環境的条件への効果と，環境的要因による遺伝的条件への効果という双方向的な効果が認められている。
- 遺伝的に規定を受けるということは，決定論ではない。
- 個人のもつ遺伝的条件（資質傾向）に環境（経験）が適合しているかどうかが，個人の「適応」状態を決めている可能性がある。つまり，個人の遺伝的条件に適合した環境を得られるかどうかが，個人の適応状態を決めていると考えられる（➡ Lecture 12）。

7

遺伝と環境

Lecture 8

個人差と知能
環境に適応するための方略

Individual Difference and Intelligence

1 心理学的個人差とは

集団としてみた場合，北欧の人は身長が高い人が多いのに対して，日本人や東南アジアの人は身長があまり高くありません。このような身長の集団による違いは，民族的な違いに由来する特徴で，生物学的な原因があります。

一方，同じ民族で，同年齢・同性であっても，人によって身長には「個人差」があります。そして人間には身長のような身体的な個人差だけではなく，能力やパーソナリティ（性格）といった心理的な特徴にも個人差があります。足の速さや書字のうまさなどといった身体的な機能に個人差が存在することは誰でも知っていますが，心理的な機能の個人差については，理解しているでしょうか。

本書の Lecture 7 までで扱ってきた心理学のテーマでは，基本的

にヒトに共通する心理学的な特徴についてみてきましたが，こうした心理的機能や特徴の個人差も，心理学の重要な研究対象です。

1.1　個人差の研究

科学としての心理学では，何がどのように違うのかという個人差の記述だけでなく，個人差が現れる原因は何かという因果的説明ができること，つまり，個人差を単なるバラツキとしてではなく，「法則的」に説明できることが重要になります。

また，このような個人差の存在には誰でも気づいていますが，そのとらえ方には誤解も多くあります。科学では，個人差を扱う場合には，平均値の差が何を表しているのかを正しく読み取ることが重要です。たとえば，わかりやすい例として，身長を取り上げてみましょう。

身長には性差があります。これは**集団間の平均値の違い**として表すことのできる差で，男性の身長の平均は，女性の平均より高いことが知られています。一方，図8-1をみるとわかるとおり，身長には個人差もあり，女性の平均より身長が低い男性や，男性の平均より身長が高い女性がいます。

同様に，大学の専攻によって学生数には性差があり，文系には女性が多く，理系には男性が多い傾向があります。しかし，すべての女性が文系というわけではなく，理系には男性しかいないわけでもありません。個人差を考える場合には，このような**集団間の差と個人差を区別する**ことが重要になります。

集団間の違いを個人にまであてはめるような「女性は○○，男性は××」といった見方を「**ステレオタイプ化**」と呼びます。ステレオタイプ化は個人差を理解するうえで，最も大きな落とし穴の1つです。

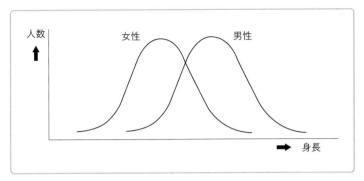

図 8-1 人間の身長の性差

1.2 心理的機能の個人差の原因は何か

　心理的機能の個人差には，遺伝と環境（生得的な要因と経験的な要因）の双方がかかわっています。この2つは，古くから「遺伝 対 環境」あるいは「氏か育ちか」「生まれつきか経験か」というテーマとして，二者択一的に議論されてきました。この論争の変遷については，Lecture 7 で紹介しましたが，そこで説明したように，実際には両者の相互作用が重要な役割を果たしています。

1.3 心理学で扱う主要な個人差

　心理学で対象としている主要な個人差は，次の3つです。

　第1は基本的認知能力で，一般的に知能とも呼ばれるものです。基本的には経験に依存しない問題解決能力で，新しい問題場面でも対処方法を考え出すことができる能力であり，経験をベースとした学力とは異なります。新しい環境への適応能力でもあります。

　第2はパーソナリティ（⇒ Lecture 9）で，一般的に性格と呼ばれるものに相当し，個人に固有の行動傾向です。個人の行動に現れる比較的一貫したパターンであり，個人がもつ他者を含む環境に対す

る適応のスタイルともいえます。

第3は認知スタイル（➡ Lecture 10) で，個人の興味や関心をもつ対象，得意とする情報処理のしかたに関するもので，個人がとりやすい認知や思考などのパターンです。思考や行動における得意・不得意として現れることが多く，大学の専攻での文系・理系などにも関係しています。

2 基本的認知能力（知能）

知能とは，複雑な認知的処理を含む知的能力です。学習や，概念形成，理解，論理の適用，推論，パターン認識，計画立案，意思決定などの基礎となります。コアとなるのは，経験に依存しない問題解決能力で，新しい環境への適応能力としても現れます。

基本的認知能力は，欧米では社会的に重視されており，個人の社会的成功を長期的に予測する重要な要因の1つであると考える研究者もいます。たとえばアメリカの研究では，個人の生涯賃金の高さを予測する要因として，学歴や大学の成績など以上に，知能が重要であるという結果が報告されています。そのために，社会で知能が重視される傾向があります。アメリカでは，人種的ルーツが異なる集団間で知能指数の平均値が異なるという研究も報告されていることから，知能は人種問題と結びつき，社会的問題ともなっています。

2.1 知能の基本的要因

知能は，物のような実体ではなく，知能という概念を使うことで，人間の能力の個人差を説明できることから作られた構成（説明）概念です。

人間の多様な認知的能力を測定し，その関係を調べると，知覚の

正確さ，知覚の速さ，判断能力，記憶力などといった多様な認知的能力の成績は，すべて相互に正の相関を示します。正の相関というのは，1つの値が増加すると，他の値も増加するという関係です。つまり，多様な認知能力は程度の違いこそあれ相互に関係していることから，その「基礎」となるコアな能力が存在すると考えられるのです。これを知能の g 因子（general factor）と呼びます。なお，認知的能力と身体的機能（記憶力と走力など）の間には，相関はありません。

2.2 知能の構造（理論モデル）

■二因子論

二因子論は，知能を，すべての知的処理にかかわる**全般性の知能**としての g 因子と，特定の知的処理にかかわる**個別的な知能**である複数の s（special：特殊知能）因子から構成されていると考えるもので，現在の知能研究の主流の考え方です。なお，個別的な知能の因子も全般性の知能の因子と一部を共有していると考えます。

■多因子論

多因子論では，知能を，個々の課題に対応した独立した個別的な知能因子の集合体と考え，全般性の知能のような共通する部分を基本的には想定していません。

これまでの研究で多様な個別的知能に相当する認知能力が提案されていますが，それらにはいくつかの核となる能力が存在していることがわかっています。その代表的な能力として，言語的（linguistic）知能，数理・論理的（math-logical）知能，空間的（spatial）知能の3つの個別的知能ともいうべき能力が多くの研究で共通して認められています。そして，これらの個別的知能は相互にある程度独立していても，相互に一定の相関を示すことから，事実上その共通部分を

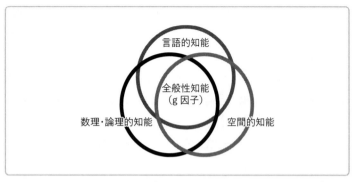

図 8-2　知能の構造のイメージ（核となる 3 つの個別的知能と g 因子）

全般性知能（g因子）に相当するものと考えることができます。つまり，多因子論的なアプローチで研究した場合でも，g因子の存在が示唆されているということです。

　なお，知能は学力の基礎にもなるので，両者には一定の相関はありますが，学力は経験に依存した問題解決能力，つまり習ったことができるということなので，知能と学力は同じものではなく，学力が高くても，知能が高いとは限りません。

3　知能の測定

3.1　知能検査

　知能は，測定することができます。知能は構成概念なので，知能そのものが実在しているわけではありません。しかし，19世紀末のゴールトン（Galton, F.）の研究以来示されているように，多様な認知機能の課題成績が，すべて相互に正の相関をするという事実があります。また，ゴールトンと共同研究していたピアソン（Pearson, K.）やスピアマン（Spearman, C. E.）による研究では，多様

146

な知的パフォーマンスの結果は1つの因子に収束することが示されています。つまり，知能は構成概念ですが，機能として測定可能だということです（これは，「走力」は概念ですが，実際に走ってタイムを計れば測定は可能というのと同じです）。

知能の測定をはじめに試みたのは19世紀末のゴールトンですが，フランスの心理学者ビネー（Binet, A.）が政府の依頼を受けて作成した知能検査（1905）が，就学適性の判断に有効であったことから，すぐに世界に普及し，これが知能検査の始まりとされています。日本でも1907年に公刊されました。

知能検査は，はじめは一対一で実施する「個別式テスト」（ビネー式）でしたが，その後，アメリカで効率的な「集団式テスト」へ発展し，軍隊や企業などにも普及していきます。また，はじめは言語で出題し，言語で回答する「言語式テスト」でしたが，その後，言語を使用しない（図や記号を使用した）「非言語式テスト」が開発されました。言語能力の影響を受けない非言語式検査は，アメリカのような移民が多い国では，公平性の観点からも重要であり，また国際比較も容易になるなどの利点があります。

3.2 知能指数

知能は，複数の要素を含んでいますが，そのレベルの指標には，一般的に g 因子に相当する全般性知能の水準を示す知能指数（IQ）が使用されます。当初は，知能検査の結果による知能の水準を表す「知能年齢」が使用されていましたが，その後，知能年齢と実際の年齢との比をとった IQ が一般的になりました。IQ は，知能年齢÷暦年齢（実際の年齢）×100 で算出されます。つまり，IQ が 100 であることは，年齢相応の知能水準ということを意味しており，同年齢集団の平均というわけではありません。

近年では，同年齢集団内での個人の位置づけがわかりやすいということから，ウェックスラー式知能検査で使用されている**偏差知能指数**（deviant IQ；DIQ）が使用されることが多くなっています。偏差知能指数は，100＋（個人の得点－同年齢集団の平均得点）÷同年齢集団の標準偏差×15で算出されます。

　なお，アメリカでは犯罪者の法的責任能力の判断にIQを使用することがしばしばありますが，30歳以降になって犯罪を犯した容疑者の責任能力の判断でも，小学校時代の知能検査の結果を参照することがあります。これは，個人の知能水準が小学校高学年以降は安定しているという研究結果にもとづいています。

3.3　フリン効果

　フリン効果とは，ニュージーランドの教育学者フリン（Flynn, J. R.）によって主張された，集団としての知能指数（IQ）が時代に伴って上昇傾向を示す現象のことで，1980年代に報告された彼の調査では，1年で0.3，つまり10年で3ポイント**IQの上昇**がみられるとされています。

　しかし，知能検査の集団平均値が，一定期間が経過すると若干上昇するという現象自体は，実は以前から知られていました。そのための対処法として，標準的な知能検査では，定期的に改訂を行い，基準もそれに合わせて再標準化するということが行われてきました。国際的に広く使用され，知能検査の指標とされるウェックスラー式知能検査の場合，およそ10年ごとに改訂され，基準が見直されています。したがって，公刊後10年以上経った知能検査を実施することは実際には少なく，毎回標準化された知能検査を使用する限り，フリンの主張した10年間での変化が＋3ポイント程度であるということ自体は，誤差範囲と考えることができます。

このフリンによる問題の再提起をきっかけに，明らかにされたこととしては，次のようなことがあります。知能検査は複数の下位検査（尺度，カテゴリー）から構成されていますが，この下位尺度別に結果の経年変化をみたところ，すべての下位検査の得点が上昇しているわけではなく，特定の下位検査の得点が，最近10〜20年間で特に上昇していました。これら一部の下位検査の得点の上昇には，新しい世代がゲームやPC，携帯電話などの操作に慣れたことが一因であると考えられています。

　また，世界中で同じようにIQの上昇が起こっているわけではなく，IQの上昇は発展途上国で顕著であることもわかっています。これは，発展途上国での教育環境や生活環境の改善が影響しているためと考えられています。一方，欧米の先進国では近年はIQの顕著な上昇はみられず，一部の国では頭打ちから下降傾向がみられるという報告もあります。

3.4　フリン効果の意味

　フリンが問題にしたのは，同じ知能検査で測定されたIQが，時代とともに上昇するということで，異なる世代（たとえば親子の世代として約30年差の集団）を比較した場合に，IQが9ポイント上昇するということを問題としています。しかし，知能検査は基本的に同世代の集団で標準化され，同年齢集団内での比較を前提としているので，親子のような明らかに世代が異なる集団での比較を想定していませんし，また，比較する意味もありません。これは，たとえば100m走のタイムを，現在の記録と30年前の記録で比較して，30年前の世界記録は，現在の記録でみればメダル圏外だと主張することに等しく，無意味な批判ともいえます。フリン効果の主張は，親子や祖父母と孫のような明らかに異なる世代集団間の知能検査の結

果を直接比較することは妥当ではないという点をふまえて理解すべきといえるでしょう。

3.5 知能の測定と社会的問題

すでに述べたように，知能のレベルは社会的な価値や評価と結びついているために，社会的な問題に結びつきやすい傾向があります。知能が社会のなかで重視される一方で，それが差別にもつながる可能性をもっているのです。しかし，それゆえに，「知能差は存在しない（もともと知能は概念なので「もの」としては存在しませんが），知能は測定することはできない，知能は社会的に重要ではない」などと，知能研究に関する情報が隠蔽化されたり歪曲されるなど，知能研究の正確な情報が発信されにくいという側面もあります。

このような，知能に対する社会的誤解や偏見を正すため，アメリカでは，知能研究者たちによるメディア上でのアピールが起こりました。1994 年 12 月 13 日の『ウォール・ストリート・ジャーナル』（WSJ）に，欧米を代表する 52 名の知能研究の専門家による署名入の論文が掲載されたのです。この WSJ の記事は，多様な内容を含んでいますが，基本的には以下のような内容でした。

知能の意味と測定
・知能は全般的な心的能力（推理，計画，問題解決，抽象的思考，処理の速度など）である。
・知能は，知能検査によって測定可能であり，知能検査は，心理検査のなかで最も信頼性，妥当性が高い。
・IQ（知能指数）の分布は正規分布曲線を描き，大部分の人は平均（IQ 100）周辺に分布し，一部の人がそれより高いか，または低い IQ を示す。アメリカ人の約 3％が非常に高いとされる IQ130 以上であり，同程度の人が，知的に障害があるとされる IQ70 以下である。
・知能検査は，人種に対するバイアスはない。むしろ知能検査によって，人種や社会的階層にかかわらず，すべてのアメリカ人について等しく正確に IQ を予測することができる。

「知能」になぜ人々は抵抗感を感じるのか

　私たちは小学校入学以来，学力で評価され，数ある大学は入試での偏差値で序列化されています。スポーツの場面では，記録や成績によって優劣が明示されています。そして，学力や運動能力のような個人属性によって評価されることに対して，あまり抵抗を感じていないようにみえます。しかし，生まれつき能力に違いがあるとされる知能の問題になると，その優劣を論じることは社会問題となり，多くの場合差別的だとされて，正しい情報ですら発信されなくなる傾向があります。このような違いはどうして生じるのでしょうか。

　大学入試の多様化の一例として，一芸入試などといって，特殊な技能に秀でた人を合格させることに対してはその妥当性については疑問視はされたものの，差別的だという社会的な批判はあまり起こりませんでした。しかし，もし知能が高い（知能検査の得点が高い）という理由で大学に優先的に入学させたら，社会や教育現場からの強い反発が予想されます。

　こうした問題の背景には，個人の能力のなかでも知能ということばに象徴される「基本的な頭の良さ」がある程度「生まれつき」決まっていることに対して，強い抵抗感があるためと考えられます。この抵抗感は，知能の重要性を社会が暗に認めていることを逆説的に示しているようにも思えます。これは多くの科学者にも共通のようで，さまざまな専門領域で一流の研究成果を挙げている（ただし，知能研究の専門家ではない）研究者でも，知能の問題には一家言ある人が多く，その多くは科学的でない論拠をもとに，知能概念や知能検査の批判をしているケースがしばしばみられます（進化生物学者グールド（Gould, 1981）の知能批判などは有名です）。こうした「外部や社会」からの誤解に基づく知能批判が背景にあったからこそ，知能研究者たちによる WSJ への「知能研究の真実」についての論文掲載があったのです。「知能に対する拒絶反応」ともいうべき現象自体は，心理学の研究テーマとはいえませんが，人間の個人差としての能力を考える場合には重大な問題といえるのではないでしょうか。

　なお，この論文では，上記の内容以外にも知能のさまざまな点について科学的な根拠をもとに説明されています。ウェブ上でみることができますので，興味がある人は読んでみてください。

4　知能の脳・神経科学的モデル

4.1　知能を支える脳内ネットワークの神経基盤

　近年の脳・神経科学的な研究では，知能として測定される認知的機能が，脳神経系のはたらきを反映していることが示唆されています。具体的には，前頭前野から頭頂・感覚連合野（統合野）までを中心とする分散的大規模ネットワークの活動が，知能（g 因子）の個人差に関連していることから「頭頂―前頭統合理論（parieto-frontal integration theory；P–FIT）」が提唱されています。

　知能（g 因子）の脳内ネットワークの神経基盤（部位）としては，①側頭／後頭葉（視覚野・側頭感覚野）：入力された感覚情報の早期処理過程，②頭頂葉（頭頂・感覚連合野）：情報の抽象化・精緻化，③前頭前野：仮説検証，④白質の質・量：情報の自由な伝達とフィードバックという，一連の過程がかかわっています。情報の入力から統合，問題解決，モニタリング（修正を含む）という一連の過程が考えられています。

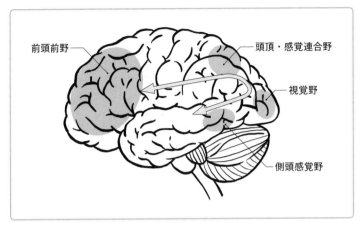

前頭前野　　　　　　　　　　　　頭頂・感覚連合野

視覚野

側頭感覚野

図 8-3　知能の P–FIT モデルの脳内過程図

4.2　知能を支える脳内ネットワークのはたらき

知能を支えている脳内ネットワークのはたらきに関係するものとして重要と考えられているのは，次の3つです。

① **神経効率**（neural efficiency）：問題解決に必要な脳の各部位の機能や接続が自動化している程度で，効率的な情報処理の程度を示します。

② **神経同期**（neural synchronization）：課題に関連した脳領域間の同期の程度で，入力系から出力系に至る最短のネットワーク・ルートの形成を示します。

③ **神経適応**（neural adaptability）：課題状況の変化に対する対応のよさ，タスク・スイッチングの速さで，課題の変化に対応した切替えの速さも含みます。

これらは，いずれも情報処理の速さに関係しています。知能と脳内ネットワークの関係から示唆されていることは，情報処理のスピードが知能に大きくかかわっているということです。問題解決の処

理速度が知能にとって重要な指標であることは，知能研究の創始者ゴールトン以来，アメリカの知能研究の第一人者ジェンセン（Jensen, A. R.）などが一貫して主張してきたことですが，それが脳・神経レベルで確認されたのです。

　同じ正確さで問題を解くことができるなら，より速く解決に至るほうが知能が高いとする「処理速度」の重要性は，知能検査に制限時間がある（速度検査といいます）ことにも反映されています。私たちは，日常的にも，勉強ができる人を「頭の回転が速い」とはいいませんが，「頭のいい人」（知能が高い人）を，「頭の回転が速い」と呼ぶのは，意外に真実をついているのかもしれません。

5　新しい知能モデル

5.1　ガードナーの多重知能モデル

　教育学者のガードナー（Gardner, H.）が1983年に提唱した新たな知能モデルに多重知能モデル（multiple intelligence model）があります。言語的知能，数理・論理的知能，空間的知能という個別的な知能のコアの3因子に加えて，複数の新たな個別知能を提案した多因子論の1つです。新たに加えられたものは，身体運動的（body-kinesthetic）知能，音楽的（musical）知能，対人的（interpersonal）知能，個人内（intrapersonal）知能などです（それ以外にもいくつかの個別知能が提案されていますが，特殊な内容のものもあり，知能の因子としては支持されていません）。

　この多重知能モデルの考え方には，問題点が2つあります。1つは，身体運動能力や音楽的能力は知能といえるのかということであり，もう1つは，対人的能力のような社会的能力や個人内知能とされる内省的能力が知能といえるのかということです。

第1の点については，実は知能の人種間格差という問題が関係しています。知能検査の結果としてのIQに人種的ルーツが異なる集団間で差が現れるのは，知能検査の内容が欧米系の人々に有利に作られているためであるという意見が，知能を批判する人々から出されており，このような観点から，知能検査を否定する意見とともに，知能の内容を見直すべきだという考え方があります。ガードナーの多重知能理論の提案には，こうした背景が関係しています。個別的知能のコアな3因子と同様に，身体運動と音楽という2つの能力は，経験には大きく影響されない，すなわち学習性が低いという共通点があります。知能は「経験に依存しない問題解決能力」ですが，いわゆる「運動神経」やリズム感のような「音楽のセンス」も，努力では大きく変わりません。その意味では，この2つは知能と似た性質をもっているといえます。

　また，産業革命以降の人類の近代化社会の歴史は，わずか数百年の期間であり，人類の長い歴史のほとんどは狩猟採集生活でした。そうした環境のなかで人間の脳が進化してきたとすると，数理・論理的思考のような抽象的思考よりも，身体運動的能力のほうが重要だったと考えることもできます。そのように考えると，知能の定義にある「新しい環境への適応能力」という点を考えるならば，身体運動的能力も知能の一部といえるかもしれません。そして，身体運動的能力を知能に含めることは，人種的ルーツが異なる集団間の知能の格差という問題を異なる視点からみることにつながるでしょう。

　しかし，知能の主要な3つの個別知能ほどの汎用性はない，つまり多様な問題解決に幅広く適用できるわけではないという点で，身体運動的能力や音楽的能力を知能の基本的要因と考えることは難しいことも事実です。個人の能力の多様性（個性）を尊重するという点では興味深い視点ですが，これらを知能の因子と考えるためには，

実証的研究による裏づけが必要といえます。

　第2の点は，ガードナーが対人的知能や個人内知能と呼んでいる，ある種の社会性にかかわる能力についてです。対人的知能というのは，以前は「社会的知能」として知られていたもので，20世紀前半に活躍していたアメリカの心理学者ソーンダイク（Thorndike, E. L.）が提案した概念で，一般的な知能とは異なり，主として社会的（対人的）場面などで必要とされる能力のことです。ソーンダイクは，社会的知能が一般的な知能（全般性知能）と同様に重要であると考えていましたが，それを客観的に測定する方法がないことから，実証的な研究は行いませんでした。一方，ガードナーが個人内知能と呼んでいるのは，自分の感情やストレス状態などをモニターし，コントロールする能力で，ある種の適応能力ということができます。これらの能力を知能と呼べるのかという点に議論はありますが，両者とも「個人差が大きく，安定している」「学習効果が小さい」という特徴があります。これは従来の知能の特徴と共通しており，また，有用性や汎用性も身体的能力や音楽的能力より高いといえるでしょう。そのため，最近ではこれらの能力は「情動性知能」として研究対象となっています。

5.2　情動性知能

　情動性知能（emotional intelligence；EI）とは，他者や自分自身の感情を理解し，コントロールする能力のことで，「情動性」という用語は，従来の「理性的」な知能とは異なることを示しています。このような情動性知能は，従来のような知能検査では測定できませんでした。しかし，知能と呼ぶからには個人の能力レベルを測定する必要があるので，現在は主として2つの測定方法が研究で使用されています。

■特性 EI

　質問紙法検査などを使用して，個人の対人的能力や個人内能力などを測定した結果，得られた情動性知能を**特性 EI** と呼びます。代表的な検査には，イギリスの心理学者ペトリデス（Petrides, K. V.）らが作成した TEIQue（Trait Emotional Intelligence Questionnaire）があります。この検査は，153 項目の自己記入式の検査で，その回答から，感情表現，共感性，自己動機，感情調整，幸福感，社会意識，低衝動性，感情知覚，自尊心，自己主張，感情管理，楽観性，人間関係，適応性，ストレス管理の 15 の側面と，幸福感，自制心，情動性，社会性の 4 つの因子について測定することができます。質問紙形式の検査としての信頼性と妥当性は，通常の範囲内であることが報告されています。

■能力 EI

　実際に対人的な理解能力などをパフォーマンスとして測定することで得られる個人の情動性知能を，**能力 EI** と呼びます。能力 EI の測定に使用される代表的な課題（パフォーマンス）型検査は，メイヤー（Mayer, J. D.）とサロヴェイ（Salovey, P.）の EI モデルの 4 つの尺度を測定するために作成された問題解決能力ベースの MSCEIT（Mayer-Salovey-Caruso Emotional Intelligence Test）です。

　MSCEIT は，感情のはたらきや役割についての科学的な研究成果にもとづき，日常生活場面などをシナリオとして設定して他者の感情や心的状態などをどの程度理解できるかという能力について測定します。実証的な心理検査の枠組みによって情動性知能を評価することを目的にはじめて作成された「多因子感情知能尺度」（MEIS）という能力検査をもとにして，MSCEIT は作成されました。MSCEIT は 141 の項目から構成されており，EI 総合得点と情動知覚，思考促進，情動理解，情動管理の 4 つの因子のレベルなどを測定するこ

とができます。

■特性 EI と能力 EI は，何が違うのか

　情動性知能には，質問紙検査による特性 EI と能力検査による能力 EI がありますが，両者の測定結果にはある程度の相関はあるものの，高い一致は認められていません。その理由は，特性 EI は，自己認知としての EI を自己報告した結果にもとづいているのに対して，能力 EI は，実際にパフォーマンスとして他者の表情の判断（情動知覚）や特定の状況での他者の感情状態の判断（情動理解）などを求め，その結果の正確さにもとづいて評価しているためです。この 2 つの違いは，数学のテストに例えれば，前者は「あなたは三角関数が得意ですか」という質問項目に対して「ややあてはまる」などという回答を集計して得点を出すのに対して，後者は実際に三角関数の問題を解かせて得点を出すことに相当します。数学の能力の場合には，一般的に高校までにテストを何度も受け，その結果のフィードバックを受けている場合が多いので，質問紙検査であっても当人が正直に回答さえすれば，ある程度は測定可能かもしれません。しかし，自分の社会的能力については正確なフィードバックをほとんど受けていないことが多いので，自分は他人の気持ちがわかると自分では思い込んでいても，まったく事実とは異なっている場合があります。したがって，特性 EI の結果は，客観的な能力としての EI ではなく，自己認知としての EI にすぎません。

　実際には，EI 研究の世界では圧倒的に特性 EI による研究が多いのですが，これは特性 EI のほうが優れているためではなく，データ収集法として容易なためにすぎません。しかし，EI を知能と考えるのであれば，能力として測定しなければ，重要な結果は得られないでしょう。

5.3 新しい知能観

　能力として測定される情動性知能（能力EI）は，言語的知能，数理・論理的知能，空間的知能などによって測定される一般的な知能検査によって得られるIQとはほぼ独立（無相関）であることがわかっています。両者は，いずれも高いほど社会的に有利であると考えられることから，EIをIQと同じように重要であると考えるのであれば，個人の知能を複数の視点から位置づけることも可能になります。従来の知能検査やIQへの批判や抵抗の背景には，人間を一次元上に序列化することへの抵抗があります。IQとEIという複数の視点があれば，序列化にとどまらない人間の知能への多様な理解が可能になるでしょう。また，この場合，知能が「社会への適応能力」を意味すると考えれば，文化や社会によって，また組織によって，自己実現することができる人の平均像には，多様な像がありうると考えられるでしょう。

Lecture 8 のまとめ

- ・心理的機能の個人差には，遺伝と環境の双方がかかわっている。
- ・知能とは，複雑な認知的処理を含む知的能力のことで，概念形成，理解，推論，パターン認識などの基礎となる能力である。
- ・知能の理論モデルとしては，知能を，すべての知的処理にかかわる全般性知能の因子（g 因子）と，特定の知的処理にかかわる個別的知能（特殊知能）の因子（s 因子）から構成されていると考える二因子論と，個々の課題に対応した独立した個別的知能因子の集合体と考え，全般性の g 因子を想定しない多因子論がある。
- ・知能検査の結果としては，知能年齢と実際の年齢との比（知能年齢÷暦年齢×100）で算出される知能指数（IQ）が一般的に使用されるが，同年齢集団内での個人の位置づけを反映する偏差知能指数（DIQ）が使用されることもある。
- ・フリン効果とは，知能指数が時代に伴って上昇傾向を示す現象のことで，フリンは 10 年で 3 ポイント程度の IQ の上昇がみられることを問題視している。
- ・抽象的・論理的思考能力を中心とした一般的な知能とは独立した（相関のない），対人的・個人内的な「社会的能力」を中心とした「情動性知能（EI）」という概念がある。

Lecture 9

パーソナリティ
人はなぜ違うのか

Personality

1 パーソナリティ（性格）とは

　私たちの行動には，意識的にコントロールすることが可能な面があり，また個々の行動は，状況にも左右されています。つまり，私たちの行動は，相手や場面によってある程度変わりますし，変えることができます。しかし個人には，それぞれ時間（発達的変化を含む）や状況にかかわらず，一貫して現れる固有の行動傾向が認められます。これを一般には**性格**と呼び，心理学では「**パーソナリティ**」と呼んでいます。パーソナリティとは，個人の行動のパターンを規定するもの（原因），あるいはその現れたもの（結果）の両方を意味する用語であり，個人の適応の**スタイル**ということもできます。

　なお，パーソナリティには，性格も含めて，類似した用語や概念がでてきますが，それぞれニュアンスが若干異なります。

「気質」（temperament）という概念は，伝統的なパーソナリティ研究や精神医学で使用される場合，個人がもつ情動的反応や気分などの特定の傾向を規定する要因で，生物学的（身体的）基礎をもつとされています。

「性格」（character）は具体的に観察される行動傾向をさす他に，パーソナリティとほぼ同義語として使用されていますが，日常語として使用されることが多いため，研究ではあまり使用されない傾向があります。パーソナリティの一部として使用される場合には，生後形成された部分という意味をもつ場合もあります。

1.1 パーソナリティの定義

性格の意味についてなら誰でも知っていると思われがちですが，心理学で使用するパーソナリティという概念の定義をみてみましょう。いくつかの定義が知られています。

■**古典的定義**（代表的なパーソナリティ研究者による定義）

①　「環境への独自の適応を決定する個人内のダイナミックな心理・生理的システム」（オルポート，G. W.）

②　「個人が特定の状況でどのように行動するかを予測させるもの」（キャッテル, R. B.）

③　「多かれ少なかれ安定した個人の特徴（性格・気質・知性・体質など）の持続的なシステムで，個人に独自の環境への適応のしかたを決定するもの」（アイゼンク，H. J.）

■**最大公約数的定義**

パーソナリティの定義は，上記の古典的定義以外にも，さまざまなものがありますが，多くの定義の共通点をまとめた定義として，次のようなものがあります。

④　「個人の感情や思考・行動などの一貫したパターンを記述

し・説明する，その個人の特徴」（パーヴィン，L. A. とジョン，O. P.）

1.2 「原因」としてのパーソナリティ／「結果」としてのパーソナリティ

　まず，①の定義は，個人の固有の行動を生み出す内的なメカニズム（現在の視点でいえば脳・神経系のはたらき）をパーソナリティと考えています（個人の行動傾向の「原因」としてのパーソナリティ）。この点は③の定義も基本的に共通しています。

　一方，②の定義は，より抽象的ですが，個人にみられる固有の行動パターンを予測させる「何か」（これは脳神経系のような生物学的基礎としての個人の行動パターンの「原因」であるとは限らず，個人の行動を説明できる「構成概念」や「イメージ」のようなものも含みます）をパーソナリティと定義しています。

　パーソナリティの定義については，他にも「生物学（遺伝）的・環境的要因にもとづく，習慣的な（つまり確率的によく現れる）行動的・認知的・情動的パターンのまとまり」「思考・感情・行動の固有なパターンとして現れる個人差」など，「結果」として現れる特徴を中心とした定義など，さまざまな表現がありますが，これらは基本的には，私たちが日常的に「性格」として考えているものに，ほぼ相当しています。

　以上のことから，パーソナリティとは，個人の固有な行動傾向を生み出す「原因」としての何か（個人の脳・神経系を中心とした生理・生物学的特質）をさしていると考えられますが，日常的には，その「結果」として具体的に表出され，外部から観察される個人の固有の行動傾向を私たちは「性格」として理解しています。これらをまとめて，心理学ではパーソナリティと呼んでいます。

なお，実際に研究のなかで「パーソナリティ」という用語によって表現されている内容は，個人が「自分について認知していること（アイデンティティに近い自己イメージ）」というような主観的な一種の信念体系や，その個人を知る他者が彼について記述すること（その人の性格像）などのような，きわめてマクロなレベルの現象から，個人の脳の神経ネットワークのパターンや遺伝子情報といったミクロな現象までを含んでいる場合があります。

2　パーソナリティの基本モデル

　人間のパーソナリティは多様であり，十人十色といわれるようにいろいろな人がいます。人の性格的な特徴を表す単語を辞書から探すと，英語や日本語など，多くの言語で約1万8000語程度あることがわかっています。しかし，多様性に富むパーソナリティでも，それを生み出す基本的な要因があると考えられており，これまで多くの研究者が，人間のパーソナリティの基本構造（モデル）を考えてきました。

2.1　基本的な考え方——類型論と特性論
■類型論——タイプとして分類する

　ヨーロッパでは，ギリシャ・ローマ時代からカントの人間学を経て20世紀のはじめ頃まで，ガレノスの考えに由来するパーソナリティには4つのタイプがあるとする四気質説という考え方が受け継がれてきました（⇒ Lecture 2）。このような，人間のパーソナリティをタイプに分けて理解する考え方を「類型論」といいます。

　しかし，類型論は単なるタイプ分けとは異なります。理論にもとづく「典型」という純粋な特徴をもった性格像（理念型といいます）

をいくつか設定し，各個人がどの典型に最も近いか（類似しているか）という観点からパーソナリティを説明します。したがって，類型はカテゴリーではありません。個人のパーソナリティを分類する境界線があるわけではないのです。そのため，どの類型にも属さない人や，複数の類型の中間的（混合的）な位置づけの人もいることになります。なお，日本では根強い人気がある血液型性格分類は，類型論的にみえますが，科学的なパーソナリティ理論ではありません。

■特性論──要素の組合せとして理解する

　類型論が，パーソナリティについて類型（タイプ）を基準として性格の全体像を理解するのに対して，特性論では「特性」というパーソナリティを構成する要素（次元）とその組合せによって性格を理解・説明しようとします。自己紹介で「私は慌て者で……」というのも，一種の特性論的な説明ということになります。人間の性格的な特徴を表す単語（特性語）は約 1 万 8000 語もあると述べましたが，意味的な類似性と相互の関連性の強さから整理していくと，パーソナリティはいくつかの基本的な特性次元に集約することができます。

　類型論と特性論は，人間の多様なパーソナリティを，全体的な視点からとらえるのか，個々の要素からとらえるのかという方向性が反対なだけで，対立する考え方ではありません。両者は複雑なパーソナリティを統合的に理解するために，どちらも有用であるということができます。

2.2　代表的なパーソナリティ理論

■クレッチマーの類型論

　パーソナリティの類型論としては，1920 年代に提唱されたドイ

ツの精神医学者クレッチマー（Kretschmer, E.）による気質類型論が最も有名です。

クレッチマーは，人間の気質（パーソナリティのコアな部分）の理念型を，体型との関係から，当初は次の2つと考えていました。

① 分裂気質：「敏感から冷淡に至る」基本的気分を基礎として，非社交的で，静か，控えめ，まじめ，臆病で敏感，神経質な傾向があり，従順で愚直な場合もあるタイプ（細長体型に多い）

② 循環気質：「高揚的から抑うつに至る」基本的気分を基礎として，社交的，親切，温厚，明朗，ユーモアがあり，活発なことが多いが，心配性で気弱な場合もあるタイプ（肥満体型に多い）

後にミンコフスカ（Minkowska, F.）が提唱した「てんかん」と体型との対応関係についての考え方にもとづいて，3つめの理念型として，次を加えました（Kretschemer & Enke, 1936）。

③ 粘着気質：「粘着と爆発」という基本的気分を基礎として，緩慢，几帳面，頑固，鈍感，慎重，素朴な傾向を示すタイプ（闘士型体型に多い）

この3つの気質類型と体型（体つき）に，それぞれ対応関係があるとしました。ただし，彼は多くの人が誤解しているように「体型で気質が決まる（あるいは気質で体型が決まる）」とは言っていません。

彼は精神科医としての臨床経験をもとに，実験や調査などによって，健康な人と精神疾患などの心理的不適応状態の人に共通して，気質的特徴と体型に一定の関係があること確認しましたが，その関係は体質という生物学的素因を基礎としたものであると考えたのです。彼の考えは，体質と気質，体質と体型に，それぞれ因果関係があるため，結果的に気質と体型には対応関係が表れるというものです（図9-1）。多くの教科書では，この因果関係と対応（相関）関係

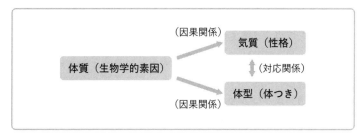

図 9-1　クレッチマーの理論での気質と体型の関係

を混同しているため，体型と気質に直接関係があるかのように紹介していますが，それは誤りです。当然ですが，体型で気質や性格が決まるわけではありません。

■**アイゼンクのパーソナリティ理論**

　イギリスの心理学者アイゼンク（Eysenck, H. J.）は，過去のパーソナリティ関連の理論を整理・統合するとともに，パヴロフの条件づけ研究での成果をはじめとした生理学的な実験結果などを基礎として，神経系のような生物学的要因の個人差にもとづいて，パーソナリティの2次元モデルを提唱しました。

　第1の次元は，神経症傾向（neuroticism）で，情緒的安定性や不安の強さとも呼ばれることがあり，脳の辺縁系（情動の中枢）の興奮・抑制機能と関連しているとされ，主として自律神経系の反応性によって決まると考えられています。神経症傾向（不安）が低い人の神経系は，一般的にストレス状況でも反応性が低く，安定した状態を保つ傾向があります。一方，神経症傾向が高い人は，より不安定で，刺激に過剰に反応する傾向があり，対人的・社会的状況で緊張しやすく，刺激に敏感などといった傾向があります。また不安反応が起こった場合には，それが持続しやすい傾向があり，これが行動に影響を与えます。

なお，神経症傾向という名称は，神経症（⇒ Lecture 12）という不適応状態を連想させますが，これはアイゼンクの理論の起源に由来するもので，特に病的なものを意味するものではなく，不安傾向の強さなどの一般的なパーソナリティとしての個人差の次元です。

　もう1つの次元は，外向性―内向性（extraversion-introversion）で，大脳皮質の興奮―抑制過程（覚醒水準）と関連していると考えられています。覚醒水準が低い神経系をもっている人は，心拍数や血流量が少なく，行動に最適な刺激のレベルを得るために刺激を求める傾向があり，それが外向的な傾向として表れると考えられています。ここで行動に最適な刺激のレベルといっているのは，たとえば音楽を聴くときに，自分にとってちょうどいいと感じる音の大きさが人によって異なることと似ています。その結果として，社交的で，刺激や変化を求め，飽きやすく，楽観的で衝動的な行動を示すことが多く，危険を冒したり，スリルを求めたりする傾向があります。一方，内向的な傾向が強い場合には，覚醒水準が高いために，刺激に敏感で興奮しやすく，強い感覚や刺激を避ける傾向があります。そのため内向的な人は，刺激を避け，1人で過ごすことを好み，自分がかかわりたい人とだけかかわることを好むことが多く，控えめで，感情をコントロールしようとする傾向があります。また，まじめで信頼性が高いですが，悲観的な傾向がみられます。外向性・内向性の顕著な違いは，刺激的な環境を求めるか否かという点に本質的な違いがあるので，単に興味や関心が自分の外部にあるか内部にあるかという意味ではありません。

　アイゼンクのこれらの2次元モデルでは，神経症傾向と外向性―内向性の次元が独立していると考えているので，2次元座標上の位置として，個人のパーソナリティを位置づけることができます。たとえば図9-2の例では，AさんからEさんまでの5人が「神経症

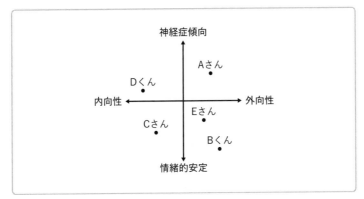

図 9-2　アイゼンクの 2 次元モデルでの 5 人のパーソナリティの位置づけ

傾向」と「外向性―内向性」の 2 次元空間上に位置づけられていま
す。この例の場合，A さんと C さんは対照的なパーソナリティ傾
向を示すことがわかります。

　ところで，アイゼンクは，後に第 3 の次元として精神病傾向
(psychoticism) を追加しました。これも次元の名称が誤解されやす
いですが，神経症傾向と同様に，精神病になりやすい傾向という意
味ではありません。この次元での傾向が高い場合は，慣習やルール
にしばられない，創造的，共感性が欠如している，自己中心的，冷
酷，攻撃的であるなどの傾向があるとされています。しかし，この
次元は，パーソナリティの一般的な個人差を説明する次元としては
妥当性が十分ではなく，安定性にも疑問があることが報告されてい
ます。そのため，現在でもアイゼンクの理論という場合には，2 次
元モデルをさすことが一般的です。なお，後述する 5 因子モデルは，
この精神病傾向という第 3 の次元の内容を 3 つの因子に分割し，神
経性傾向と外向性―内向性の 2 つの次元に加えたものだとする見方
もあります。

■ 5 因子モデル

　膨大なパーソナリティ特性語を集約・整理することで抽出された5つの基本的な因子（次元）を組み合わせてパーソナリティを説明するのが5因子モデルです（厳密には，コスタら〔Costa & McCrae, 1995〕などによる Five-Factor Model とゴールドバーグ〔Goldberg, 1990〕などによる Big Five Model という類似した2つのモデルがあり，若干内容が違いますが，ここでは一般的な Five-Factor について紹介します）。

　5つの因子では，アイゼンクの理論と共通の「外向性―内向性」と「神経症傾向」という基本的な2因子に加えて，「経験への開放性」（openness to experience），「親和性」（agreeableness），「誠実性」（conscientiousness）の3因子があげられています。新たな3因子は，次のような内容です。

① 「経験への開放性」（新しい経験に対して開かれているか）の因子：この傾向が高い人は，好奇心が強く，新し物好き，飽きっぽいなどの特徴を，この傾向が低い人は，保守的，伝統や慣習を重んじる，興味や関心の範囲が狭いといった特徴を示すとされています。

② 「親和性」（協調性：他者と協調できるか）の因子：この傾向が高い人は，利他的，同情心が強い，他者を信用しやすいなどの特徴を，この傾向が低い人は，自律的，自己中心的，疑い深い，競争的などの特徴を示すとされています。

③ 「誠実性」（堅実さ）の因子：この傾向が高い人は，意志が強い，きちんとしている，気むずかしい，頑固，几帳面，原則重視などの特徴を，この傾向が低い人は，楽観的，融通が利く，いい加減なところがあるなどの特徴を示すとされています。

　5因子モデルでは，この5つの次元をパーソナリティの個人差を説明する基本的な次元と考えていますが，一般的なパーソナリティ

だけでなく，パーソナリティ障害などについても，このモデルで説明できるとしています。

　なお，追加された3つの因子の内容をみると，「経験への開放性」が高く，「親和性」が低く，「誠実性」が低いという場合が，アイゼンクが第3の次元として考えた精神病傾向が高い場合に対応していることがわかります。

■普遍的パーソナリティ・モデルは存在するのか

　アイゼンクの理論では2次元（または3次元），5因子モデルでは5次元というように，理論によってパーソナリティをとらえる枠組みが違っています。この2つに限らず，現在でもパーソナリティを最も適切に説明できる理論として，さまざまな数の因子（次元）が提案されています。そのなかで，アイゼンクの理論は，神経生理学的な裏づけがあり，人間以外の動物のデータでも共通した結果が得られるなどという点から生物学領域などでも幅広く使用されています。一方，5因子モデルは，どのような言語や文化圏でも特性語を整理すれば5因子を抽出できるという主張のもとに，特に北米圏を中心に支持者を増やしています。しかし実際には，多様なパーソナリティを5因子で説明できるという結果は，それほど一貫して確認されてはいません。同様の方法でデータを収集し分析しても，6〜7因子が抽出される場合も多くあり，日本語を使用してデータを集めて分析すると10以上の因子が抽出されたという報告もあります。パーソナリティという複雑な対象を説明するための，究極の理論モデルは現時点ではみつかっていません。

3　パーソナリティの測定

　パーソナリティを測定する方法には，いくつかの種類があります

が，代表的なものは次の3つです。

① 質問紙法（EPP：アイゼンク・パーソナリティ・プロファイラー，NEO–PI–R：5因子パーソナリティ検査など）：一般的によく使用されるパーソナリティ測定法で，複数の項目に対して，自分があてはまるか否か，どの程度あてはまるのかなどの回答を求め，その結果を集計してパーソナリティをプロフィールとして表示します。

② 作業検査法（内田・クレペリン精神作業検査など）：何らかの作業課題（内田・クレペリン検査の場合は連続加算作業）をさせ，その結果からパーソナリティを測定する方法です。

③ 投影法（ロールシャッハ・テストなど）：図形などあいまいな刺激を提示し，それに対する反応によって，パーソナリティを測定・評価します。

これら3つの測定法には，それぞれ長所と短所があります。

3.1　質問紙法

質問紙法は，使用や結果の解釈などが容易なので，最も一般的に使用されています。回答する側には（特に項目数が多くなければ）大きな負担はかからず，使用する側は，実施が容易で結果も集計しやすく，結果の内容や意味がわかりやすいというメリットがあります。そのため，研究者がパーソナリティの測定で最も一般的に使用しているのが質問紙法で，非常に数多くの種類があります。

ただし，自分のパーソナリティについて自分がすべてを客観的に理解しているという保証はありません。場合によっては，自分のパーソナリティについて都合よく，あるいは勘違いしてとらえている可能性もあります。このような場合，回答者が率直に回答していても，結果はその個人のパーソナリティを正確に測定しているとはい

えないことになります。

　また検査によっては，回答者が正直に回答しない場合があるので，それに対する対策が必要です。自分が検査結果によって評価される場合などは，回答するときに都合の悪い点では率直に回答しない可能性があることが知られています。一部の質問紙検査では，このような可能性を考慮し，不正直な回答をした場合には，それが検出できるような仕組み（虚偽尺度など）が工夫されています。

3.2　作業検査法

　作業検査法は，一見パーソナリティを測定しているようにはみえないので，回答者が自分に都合がいいように回答を歪めることは困難です。しかし，作業検査法で測定できる内容は限定的であるため，個人のパーソナリティの全体像を把握するためには不十分だという問題があります。目的を限定すれば効果的な場合もあるので，使用の条件を考慮することが必要です。

3.3　投　影　法

　投影法は，検査の刺激があいまいなため，回答の意図的な操作は困難です。しかし，検査自体の信頼性・妥当性が低く，結果の解釈に多義性があるため，単独でパーソナリティを測定するためには不十分であることがわかっています。そのため，臨床場面での使用など，個人のパーソナリティ情報を一定の範囲ですでにもっている場合に，補助的に使用されることはありますが，全体的なパーソナリティ測定の目的で使用されることはあまりありません。

4 ヒト以外の動物のパーソナリティ研究

　多くの人は，イヌやネコなどのペットにも性格があると感じていますが，ヒト以外の動物の個体差研究にパーソナリティ概念は適用可能なのでしょうか。最近は，心理学でも，多くの動物にも人間のパーソナリティに相当する（気質や性格と呼ぶこともある）個体差があると考えて研究が行われています。対象としては，霊長類，鳥類，は虫類，両生類，魚類，昆虫，その他（頭足類＝タコ・イカなど）あらゆる動物が研究されています。

　ここで重要な論点は，動物は人間のように検査に回答することはできないので，人間が動物の行動を観察して調べるしか方法がないという点です。具体的には，次の2つの方法が使われています。1つは行動の符号化で，もう1つは特性の評定です。

4.1　動物研究での測定方法①──行動の符号化

　行動の符号化とは，たとえば同じケージに2匹のマウスを入れて，一定時間の間に何回相手に嚙みついたかという回数を記録するといったもので，この回数が多いほど攻撃性が高いと解釈します。具体的な行動をカウントするので，客観性は高いのですが，行動の意味づけ（人間のパーソナリティとの対応づけ）が難しいという問題があります。この例では，他の個体に嚙みつくことが，ヒトの攻撃性に対応する行動といえるのかということが重要な論点となります。

4.2　動物研究での測定方法②──特性の評定

　特性の評定は，「活動的」「臆病」などといった人間のパーソナリティ研究で使用される特性語を用いて，対象となる動物を観察して

パヴロフとイヌの性格

　パヴロフは，イヌの条件づけで有名ですが，彼がイヌの性格の研究をしていたことは，あまり知られていません。条件づけのような実験場面にすぐに慣れるイヌもいれば，警戒心が強くなかなか実験になじまないイヌもいます。こうした動物の個体差は，イヌやネコを飼っていれば誰でも気がつく動物の性格の違いの表れということができます。パヴロフが興味をもったのは，実験場面にすぐに慣れて，順調に実験が進むようにみえるイヌでも条件づけがなかなかできないイヌがいる一方で，実験場面にいつまでも抵抗し扱いにくいイヌでも条件づけが他のイヌの半分程度の時間でできるイヌがいるということでした。この条件づけ過程での違いは，イヌの学習能力とは直接関係ないことも確認されました。

　こうしたことを背景に，彼はイヌの性格研究に関心をもち，この研究は彼の死後もロシアの研究者たちに受け継がれ，神経系のタイプという四気質説と関係づけた理論も提案されましたが，残念ながら大きな成果には至りませんでした。しかし現在では，イヌやネコの性格をはじめとして，科学的な動物の性格研究は広く行われており，ほ乳類だけではなく，鳥類，は虫類から，頭足類（タコ），昆虫まで研究対象は広がっています。

「かなりあてはまる」「あまりあてはまらない」などと人間が評定する方法です。人間と比較はしやすいですが，観察した行動が人間の活動性や臆病さと同じものであるという保証はなく，擬人化（動物の行動を人間の行動のようにみなすことや，人間の行動として解釈すること）が起こりやすいため，客観性に欠けるという問題があります。

　動物の行動の個体差研究の例として，ネズミの選択的交配による問題解決能力や情動性の遺伝性の研究を紹介しましょう。選択的交配というのは，たとえばネズミに迷路学習をさせて，高成績群と低成績群に分け，高成績群同士，低成績群同士でそれぞれ交配させて子どもを産ませるような方法で，これを繰り返すと7〜8世代で，

迷路学習なら最初から少ない回数でゴールに行けるネズミと，何回やってもゴールまで行けないネズミに分かれることが実験で示されています。この結果は，迷路学習能力が遺伝することを示しています。同様に，臆病さ，攻撃性，特に恐怖心などに相当する行動傾向は遺伝性が強いことが動物実験の結果からわかっています。

また，サルを使った研究では，生育条件がパーソナリティ発達に影響することも示されています。動物を研究対象とすることで，遺伝と環境の影響を操作して実証的に検討することが可能になるなど，動物研究の有効性が報告されています。

5　パーソナリティをどう理解すればよいか

5.1　人間に固有なパーソナリティとは何か

ヒト以外の動物にも行動に個体差があり，パーソナリティに相当する何かを測定することができるということは前節で紹介しましたが，そのパーソナリティに相当する何かは人間と同じと考えていいのでしょうか。

人間は自分のパーソナリティについて，ある程度認識することができ，それが行動にも影響を与えます。たとえば，人前で緊張しやすい人は，自分が緊張しやすいことを意識するせいで余計に人前ではあがってしまうことがあります。しかしヒト以外の動物では，自分のパーソナリティ（自己の行動の独自性）を意識しているようにはみえません（もともと自分を対象化して認知することができないと考えられます➡ Lecture 1 の 4）。この点に，人間とそれ以外の動物のパーソナリティの決定的な違いがあると考えられます。

したがって，人間に固有なパーソナリティの概念の定義は，次のように考えられます。すなわち，個人が認知している自己の行動や

情動に現れる比較的安定したパターンについての心的表象（自己イメージ）であり，その基礎には（自覚されている程度には個人差はあるが）遺伝的・生物学的要因によって規定された固有の脳・神経・内分泌系の特徴などの生理的・生物学的メカニズムが存在し，それとの相互作用があります。これは主観的には，主に他者との違いとして認識される自己のパーソナリティ像（自己概念を含む）であり，これがフィードバックを通して，個人の行動に何らかの形で影響を与えているのです。一方，動物には，この自己表象の部分が存在せず，生物学的要因にもとづく行動の個体差だけがパーソナリティとして現れるということです。

5.2　パーソナリティは遺伝するのか

　パーソナリティの遺伝率は，かなり高いことが報告されています。全体としては50％程度，外向性─内向性では60〜70％という報告もあります。それでは，パーソナリティの何が遺伝するのでしょうか。これは，具体的な行動が遺伝するというよりも，行動を生み出す基礎となっている生理的特質（体質）や脳・神経系の特徴が遺伝すると考えられています。また，環境の選択や相互作用（経験）のしかたも遺伝の影響を受けるので，個人に固有の行動パターンが形成されることになると考えられます。

5.3　パーソナリティは変わるのか

　パーソナリティは，変えることができるのでしょうか。

　自分のパーソナリティに，気に入らない部分がある人もいるでしょう。たとえば「自分は相手に嫌われるのがいやなので，つい相手に合わせてしまうことが多く，人といると疲れてしまう。友人のBのように，自分の考えや気持ちを率直に表現できる性格になりた

い」と思っている人がいたとします。それでは，その人が努力して自分を率直に表現するようにしたらどうなるでしょう。

　もちろん，自分をストレートに表現することで，対人的な気遣いをせず，ストレスが減るかもしれません。しかし，そうすることで，今まで以上に精神的に疲れたり，かえって周囲とのトラブルが増えて消耗してしまう場合もあります。

　パーソナリティは，他者から認識される部分は，行動などに現れているものなので，行動を意識的に変えることは可能です（極端な場合，演技をすればいい）。しかし，パーソナリティの基礎には，5.2でも述べたように，遺伝の影響を受けやすい個々人の体質や神経生理学的（内分泌系の機能も含む）なレベルでの特徴があります。

　たとえばアルコールの摂取によって人（行動）が変わるのは，アルコールという薬物によって脳が影響を受けたためであり，その行動の変化は多くの場合は抑制機能が弱まることで生じますが，酔ったからといって誰でも同じ行動を示すわけではありません。これは，アルコールによって意識的なコントロールが弱まった結果，その人のパーソナリティ傾向の一部が表れたともいえ，個人に本質的な特徴があることがわかります。

　したがって，自分のもつ本質的な条件を無視した行動（演技）を意識的にすることは，継続するのは大変ですし，ストレスを高めることにつながります。つまり，自分のパーソナリティを変えるのではなく，それを生かす方法を考えることが生産的だといえるでしょう。

　また，子ども時代と成人以降では，パーソナリティの現れ方が同じわけではありません。発達に応じて，具体的な行動傾向には変化がみられます。それでは，この行動傾向の発達的変化はパーソナリティ自体の変化と考えるべきなのでしょうか。

たとえば，幼稚園時代に，自分のお気に入りの玩具を別の子どもが使っていると強引に取り返してしまうような子どもでも，高校生や大学生になって同じような行動をするとは考えられません。具体的な行動表現のスタイルは発達段階に応じてある程度変わります。しかし，たとえば自己中心的な傾向は，維持されている可能性が高く，それは形を変えても一貫して認められることが多いでしょう。もちろん，発達に伴い状況に応じて自分の行動をコントロールできるようになっている場合もあるので，子ども時代に比べると本質（生来？）的なパーソナリティ傾向が現れにくいということはあるかもしれません。

なお，同じ両親から生まれた子ども（遺伝的条件が共通）でも，たとえば日本で育つかアメリカで育つかで（つまり，環境条件が違えば），具体的な行動傾向は異なるでしょう。しかし，それぞれの社会（集団）のなかでの相対的位置づけ（どの程度外向的または内向的な行動をとるかなど）は，ほぼ同じになると考えられます。つまり，同じ子どもでも，アメリカで成長したほうが日本で成長するよりも表出行動自体はより外向的，積極的になる可能性が高いですが，日本で成長して（日本の社会で）内向的な人は，アメリカで成長しても（アメリカの社会では）内向的になりやすいということです。

5.4　パーソナリティに良い・悪いはあるか

パーソナリティを理解するときには，パーソナリティ自体には，良い悪いという価値づけ（評価）は科学的な意味では存在しないという点を理解することが重要です。もちろん，日常的には「C さんは性格がいいよね」というような表現にみられるように，パーソナリティ傾向の現れ方には評価が伴うことがあります。しかし，外向的な傾向は，積極的，社交的な行動として表出されれば「良い」性

9
パーソナリティ

格として評価されるでしょうが，でしゃばり，お節介な行動として表出されれば「悪い」性格として評価されるでしょう。また，個々の社会のなかで好まれやすい＝適応しやすいパーソナリティ傾向もあります。個人のパーソナリティは，その個人がもっている遺伝的条件にもとづいて形成された環境への適応スタイルといえますが，日本では外向的な人のほうが適応しやすいのは，日本社会が外向的な傾向，つまり他者や周囲に合わせて行動することをよしとする傾向をもっているためであり，外向的なほうが適応的で評価されるかどうかは普遍的なものというわけではありません。

　なお，パーソナリティはあくまでも個人にとっての適応のスタイルであり，与えられた環境によっては（外部からみて）適応的とはいえない場合もあります。

Lecture 9 のまとめ

・パーソナリティとは，個人の行動にみられる一貫した特徴やパターンのことで，個人の適応のスタイルである。
・パーソナリティとは，何らかの資質的要因と環境的要因の相互作用の結果として個人が表出する固有の行動パターンである。
・典型的な類型像（理念型＝タイプ）を基準としてパーソナリティを理解する類型論と，個々の行動特徴である特性の組合せによってパーソナリティを説明する特性論がある。
・類型論には，個人の身体生理学的特徴としての体質を重視し，3つの基本的類型を想定したクレッチマーの気質類型論，特性論には，パーソナリティ特性の基本次元を，外向性―内向性，神経症傾向，経験への開放性，親和性，誠実性の5つであるとする5因子モデルなどがある。

Lecture 10

認知スタイル
得意・不得意の起源

Cognitive Style

　認知スタイルとは，個人が知覚，思考，判断などの認知過程で情報を処理するときの方法（やり方，方略とも呼ぶ）についての個人の傾向（指向性）を説明する心理学的な概念です。

　これまで認知スタイルには，さまざまなとらえ方がありました。代表的なものとしては，次のようなスタイルがあります。

　・**「全体的」か「部分的」か**（ものごとを全体からとらえるか，細部からとらえるか）

　・**「直感的」か「論理的」か**（ものごとを直感的にとらえるか，理屈で考えるか）

　・**「言語的」か「非言語的（図形的）」か**（ものごとを言語でとらえるか，イメージでとらえるか）

　これらの異なる認知スタイルは，いずれも**認知処理の個人差**を説明するものとして考えられたものですが，実はこれらの認知スタイルのすべてに共通する基本的な2つの認知的処理（➡2節）が背景

にあると現在では考えられています。

　「認知スタイル」は，一般的には個人にとって得意とする（つまり，やりやすい・自然に行ってしまう）考え方や情報処理の仕方として表れるもので，これは個人の適性にも関係があります。

　大学の専攻でも，大きく分けて理系と文系があり，人によってどちらが得意かという点で個人差がありますが，これも認知スタイルと関係していると考えられています。

1　認知スタイル研究のはじまり

1.1　ウィトキンの研究

　認知スタイルという概念はウィトキン（Witkin, H. A.）が提唱したものですが，実は偶然に発見された知覚処理で現れる個人差がその起源になっています。そのきっかけは，ウィトキンによる，第2次大戦時の垂直方向の知覚（重力知覚）の研究です。これは飛行機のパイロットなどにとっては重要な知覚能力で，この能力が低いと，空中で飛行機が宙返りしたときなどに，上下方向が把握できなくなり，操縦していた飛行機が墜落する危険性があります。彼の実験は大がかりなもので，実験参加者をパイロットのようにイスに座らせ，イスを前後左右に傾けて課題に回答させます。実験参加者はその状態で，前方にある四角い枠の中に呈示された線分が垂直になるように，装置を操作することを求められました（図10-1）。この四角の枠内の直線の傾きを判断する課題を「棒―枠組みテスト」（RFT；Rod and Frame Test）といいます。

　ウィトキンらは，この実験で，垂直方向の知覚能力には個人差があり，その傾向は個人内で一貫していること，また線分の垂直判断を行う場合に，外部の手がかり（ここでは主に四角の外枠の傾き）の

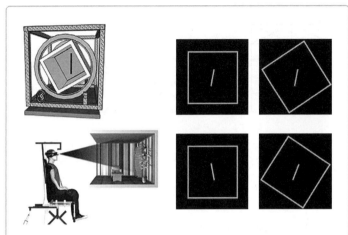

（注）　ここで使用された「四角い枠の中の線分を垂直にする」という課題は，図の右側にある刺激の例を見ればわかるように，外枠が垂直なときは容易ですが，枠が傾くと難しくなります。それは，外枠が垂直判断の手がかりとなっているためです。また，視覚的手がかり（四角の外枠）が傾いた場合には，通常は自分の身体の垂直方向の知覚（重力知覚）が別の手がかりとなりますが，この実験では，自分の身体もさまざまな方向に傾けられているので，線分の垂直判断はさらに難しくなります。
（出所）Bringoux et al., 2016 ; Fiori et al., 2014.

図 10-1　ウィトキンの垂直知覚の実験と刺激の例

影響を受けやすい人（場依存型）と，外部の手がかりの影響を受けにくい人（場独立型）がいることを発見しました。この実験は大規模な装置が必要であり，手間もかかるので，同じような認知的な個人差をより容易に測定する手段として考えられたのが，**図 10-2**に示したような埋没図形テスト（EFT；Embedded Figures Test）でした。EFTでは，図の上段にあるような複雑な図形のなかから，下段に示したような単純な図形を見つけることが求められます。この課題では，ウィトキンの実験で場独立型であった人はEFTの成績がよいことがわかっています。

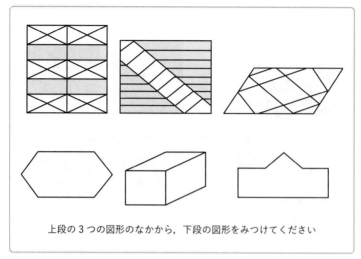

上段の３つの図形のなかから，下段の図形をみつけてください

図 10-2　EFT の例

1.2　認知スタイルと適性

　この「場依存・場独立」という認知的個人差は，さまざまな適性
や社会行動上の個人差と関係があることが，その後の研究で明らか
にされ，個人にとって何らかの基本的な心的傾向と関連しているこ
とが示唆されました。ただし，EFT の成績自体と，知能やパーソ
ナリティとの明確な関連性は示されていません。ここでいう「適
性」とは，知能やパーソナリティではなく，学生であれば「文系・
理系」，職業人であれば「職種」などのような，個人の資質が個々
の学業や職業などで必要とされる内容や特徴に適しているかどうか
を意味しています。

　このように，EFT が適性と関連があると思われたことから，認
知スタイル研究はその後，主として教育心理学領域で発展すること
になり，その過程で，はじめにあげたような「全体的・部分的」，

「直感的・論理的」,「言語的・非言語的（図形的）」などといったさまざまな認知スタイルが提唱されてきました。これらの認知スタイルについて統一的な結論は得られていませんでしたが，2000年代になって，偶然まったく別の研究分野の研究成果がきっかけとなって，認知スタイルに対する関心が再び高まってきました。

2 人間にとって基本的な因果性の認知

前節では認知スタイルに個人差があることを紹介しましたが，その個人差の背景には，**因果認知**という，人が共通してもっている認知処理傾向が関係していると考えられています。因果認知というのは，**何らかの現象を経験すると，それを因果的に理解しようとする傾向**で，原因と結果を結びつけて現象をとらえることです。

たとえば，あなたが山道を歩いているとき，崖の上のほうから大きな石が落ちてきたら，石が落ちてきた方向（上のほう）を見るでしょう。このとき，なぜ上のほうを見るのでしょうか。それは，石の落下の原因を知るためで，崖の上のほうに不安定な石がいくつか見えれば，不安定な石が偶然落ちてきたという物的な因果，つまり重力による物体の移動として現象をとらえることができます。しかし，崖の上を見たら人がいた場合には，その人が意図的に（あるいはうっかり）石を落とした（つまり原因）と考えるかもしれません。後者の場合には，人の意図や関与という単なる物的な原因ではないことによる石の落下として理解されることになります。

2.1 因果認知は自動的に起こる

因果認知は，多くの場合ほぼ自動的に生じますが，因果認知が起こる理由は，適応に有利だからであると考えられています。つまり，

因果的に現象をとらえることで，結果の予測ができるようになるという利点があるからです。

たとえば，空が暗くなってきて，風が吹き始めたら，嵐が来るということを知っていれば，空模様の変化を見て事前に危険を避けることができますし，見栄えのよいキノコでも，食べると体調が悪くなることを知っていれば，見つけても食べなくなるでしょう，原因（空模様やキノコの種類）と結果（安全や危険）を結びつけることが生存＝適応には重要です。このように適応上，すなわち進化の過程で，ヒトや動物の脳には，環境に適応するために現象を因果的に処理するモジュール（特定の課題を処理する神経細胞のネットワーク）ができたと考えられています。

実は，神や宗教などに関する考えも，この因果認知の結果生じたと考えられています。現在の私たちは天文学の基礎知識をもち，地動説を知っているので，毎朝太陽が昇るのを見ても不思議に思いませんが，原始時代，太陽の動きを見て，その本当の理由（原因＝地動説）を知らない当時の人は，神のような目に見えない超自然的な存在の力が太陽を動かしているというように，さまざまな自然現象の因果を理解していたと考えられます。ヨーロッパのオルフェウス神話と日本のイザナギ・イザナミ神話のように，世界のさまざまな場所で類似した神話や伝説が存在するのは，人間の因果認知という外界のとらえ方の共通性を表しているのかもしれません。

2.2　因果認知の発達
　因果認知には，基本的なものとして物的な因果認知と心的（社会的）な因果認知などがあり，いずれも発達初期（乳児期）からみられることが知られています。

■物的な因果認知の発達

　物的な因果認知には，低次の知覚から高次の物的因果法則の理解までが含まれています。外界の自然現象や物理現象などを経験するなかで発達（発現）します。低次の物的因果の知覚としては，物的な（非生物の）対象の動きや性質に対する関心から始まり，乳児期から観察されます。机の上のボールが転がれば，まっすぐ進み，何かにぶつかると止まるか，転がる方向を変えることなど，基本的なものの動きを理解します。高次の物的因果法則の理解は，幼児期から青年期にかけて経験を通して発達するもので，たとえばボール遊びなどで，ボールの軌跡を理解したり，ものが接する面の摩擦係数を直感的に理解したりすること（どうすれば，ものが滑らないか，あるいは滑りをよくするにはどうしたらいいかなど）が含まれます。

■心的（社会的）な因果認知の発達

　心的な因果認知も低次から高次までであり，他者との関係を中心に，動物も含めた生きものの主体的行動を観察するなかで主に発達します。低次の社会的認知には，以下のようなものが含まれます。

- ・対象が行為者（agent）か否かの区別（生物，特に自力で動く動物と非生物の区別）
- ・他者に見られているかどうかという判断
- ・他者の基本的な情動（喜怒哀楽）の識別
- ・視線方向の検出，共同注視や指さしを理解すること（「共同注視」というのは，他者が視線を向けているものに自分も視線を向けることで，視線を理解できていないと起こりません）
- ・他者の苦痛に対する関心や基本的な共感
- ・他者の感情に対する適切な反応
- ・他者の目標や意図を推論すること

次に，高次の社会的認知能力の発達は，以下のようなものです。

・振り（何かのふりをする）や欺き，信念（本人はそう思っていることで，客観的な事実と同じとは限らない）などを含む多様な心的状態を，自己や他者に帰属すること（「帰属する」というのは「自分はXだと思っているが，相手はYだと思っている」というように，心的状態〔この例では信念〕を個別にその主体のものとして区別して理解することです）

・より複雑な感情（喜怒哀楽以外の嫉妬，困惑，恥じらいなど）を理解し，それに適切に反応すること

・語用論（pragmatics）的な言語の理解ができること（「語用論」というのは，〔意味論的でない〕言語の実践的な使用のことで，比喩や皮肉なども含まれます）

・他者の行動を理解するだけでなく，予測し，ときには操作するために，「心の理論」（➡ Lecture 1）を使用すること

・社会的文脈に応じて，どのような言動が適切かを判断すること（正しいことでも，状況によっては言ってはいけないことがあることや，相手や場面による適切な伝え方などを理解すること）

心的な因果認知の中核的機能は「社会的な因果性」の理解であり，行為者の背後にある心的状態（意図，目的，欲求，知識，感情など）の理解です。別の表現をすれば「心の理論」にかかわる能力が，心的因果認知の中心であるということになります。

■物的因果認知と心的因果認知の独立性

上で説明した2つの因果認知は，機能的に独立していることが，多くの研究で確認されています。何らかの原因で一方の因果認知機能が適切にはたらかなくなっても，他方の因果認知機能には影響がないということです。また，言語などと同様に，脳内にそれぞれの

機能のための基本的な神経回路（モジュール）が存在すると考えられています（Lecture 1 で紹介した「サリーとアンの課題」〔心の理論〕と「写真課題」〔物的世界の理解〕の成績に関連性がなかったのは，この2つの因果認知の独立関係を反映していたといえます）。

そして，この2つの因果認知のはたらきのバランスが，個人の認知スタイルの基礎となっていることもわかってきました。

2.3　共感化・システム化（E-S）理論

2つの因果認知について，心的な因果認知の基礎となる認知的傾向を「共感化」（empathizing），物的な因果認知の基礎となる認知的傾向を「システム化」（systemizing）として概念化し，この2つの次元を組み合わせた2次元平面上に個人の認知スタイルを位置づけたものがバロン゠コーエン（Baron-Cohen, S.）の「共感化・システム化（E–S）理論」と呼ばれる認知スタイル・モデルです（図10-3）。

共感化には，認知的共感と情動的共感が含まれており，前者は他

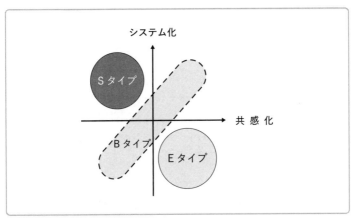

図 10-3　E-S 理論における認知スタイルの空間的イメージ

表 10-1　共感化とシステム化（バロン゠コーエン）

共感化	認知的共感 （心的状態の推論）	・帰属（他者の行動や文脈からその行動の原因となる心的状態を仮定する） ・推論処理（たとえば，他者の顔や声，姿勢などの感情表出情報から心的状態を推測する）
	情動的共感	・他者の心的状態や行動に対する適切な情動反応（生理的変化や行動を含む）
システム化	何らかのシステムを分析したり構築すること（主に物的な因果関係をもつシステムや，非因果性のシステムを支配するルールの理解も含まれる）	・数値システム（電車の時刻表など） ・図書分類システム（本の種類） ・機械システム（DVD レコーダーの操作など） ・抽象システム（言語の構文など） ・自然システム（潮の満ち引きなど） ・社会システム（管理職の階層など） ・運動システム（トランポリンで跳ねることなど） など

者（および自分）の心的状態を帰属・推論すること，つまり心的状態についての「理解」を意味します。このはたらきでは，「心の理論」が中心的な役割をもちます。後者の情動的共感は，他者の心的状態や行動に対する適切な情動反応（生理的変化や行動を含む）（Davis, 1994）のことです。

　一方，システム化とは，何らかのシステムを分析したり構築することで，システムの種類は問いません。ここでシステムというのは，ルールに従っているものごとや現象のことです。システム化には，物的な因果関係をもつものだけではなく，図書館の分類システムや時刻表などといった非因果性のシステムを支配するルールを理解することも含まれます。

　図 10-3 では，共感化とシステム化は，それぞれ心的な因果認知と物的な因果認知の基礎となる認知傾向として相互に独立していると仮定されているため，平面上では直交する関係になることを表し

ています。一定以上の割合で，共感化が高くシステム化が低ければ
E（共感化）タイプ，システム化が高く共感化が低ければS（システ
ム化）タイプに対応することになります。共感化とシステム化の2
つが同程度の強さであれば，2つの認知的傾向が拮抗しているBタ
イプ（バランス・タイプ）ということになります。共感化とシステム
化の傾向がどちらも強い場合も，反対に両方とも弱い場合も，この
Bタイプに含まれることになります。

3 認知機能と性差

　前節では，個人の認知スタイルの基礎には，人間に共通する認知
機能である因果認知があると述べましたが，それには一定の性差が
みられることも知られています。

　では，この性差とは何でしょうか。自然科学で扱う**性差**（sex
differences）は，性染色体にもとづく生物学的な差異のことです（し
たがって，日本では同じく「性差」と訳されることの多い社会的なジェン
ダーの差〔gender differences〕とは別の概念ですので注意してください）。
たとえば，身体機能に性差があることは誰でも知っています。スポ
ーツで大半の種目が男女別に行われるのは，男女の身体機能の違い
（性差）を前提にしているためで，100m走のタイムは，社会的要因
の結果として女性が男性より平均的に遅いわけではありません。

　心的機能は，身体機能以上に社会的な影響を受けますが，一方で
心的機能も脳・神経系という身体的（生物学的）要因を基礎として
います。したがって，一部の心的機能にも当然「性差」が現れてく
ることになります。

　認知機能の性差は多様な形で観察・報告されていますが，その原
因や起源，背景については，最近まで十分に明らかにされていませ

遊びと性差

　子どもの頃から，男の子と女の子では，遊び方や好む玩具が違います。かつては，子どもの性に合わせて親がおもちゃを与える（男の子には電車やピストル，女の子には人形やままごとセットなど）ために，そのような好みの性差が現れると考えられていましたが（環境・学習説），実際に子どもが生まれたばかりの両親に協力してもらい，子どもの性に関係なく，男児用・女児用の玩具を両方とも同じくらい与えた場合でも，性による玩具の好みの違いが明らかに存在することが報告されています。そして，子どもの頃にみられた興味・関心の性差は，成長してもみられます。これは，社会的なものなのでしょうか。それとも，生物学的な原因が関係しているのでしょうか。

　認知スタイルの研究は，この問題に1つの答えを与えるもので，あくまでも平均的な傾向としてという点を理解することが重要ですが，胎児期のホルモン環境の違いが，個人の脳神経系の形成に影響を与えた結果，個人の好みや適性が現れてくると考えられます。このとき，生物学的な性は，ホルモン環境の違いに間接的にかかわり，平均的な性差を生み出しますが，決定的な役割を果たすわけではなく，胎児期のテストステロン濃度の違いによって同性内でもかなりの個人差が現れると考えられています。

んでした。それには，社会的問題（political correctness など）も関係していて，「性差＝差別」というような誤解が一部にあったという経緯があります（何かの違いを明らかにすることと，差別すなわち価値づけをすることは，まったく別のことですが，科学の世界でも，この区別を十分に理解していない人がいます）。

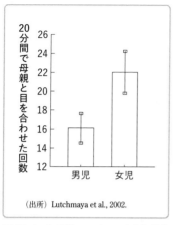

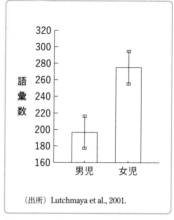

（出所）Lutchmaya et al., 2002.

（出所）Lutchmaya et al., 2001.

図 10-4　1 歳児のアイコンタクト頻度　　図 10-5　2 歳児の語彙数

　なお，ここで扱っている「性差」は，あくまでも平均としての差のことであり，すべての女性がすべての男性よりも高い・低いといった違いがあるわけではありません。たとえば身長でも，平均身長は男性が女性よりも高いですが，一部の女性の身長は男性の平均よりも高く，一部の男性の身長は女性の平均よりも低いように，平均の差と個別の違いを区別することが必要です。以下では特に明記していない場合でも，性差については「平均として」という意味です。

3.1　認知機能の性差はいつから現れるのか

　認知的・行動的な特徴にみられる性差は，発達的にみれば，かなり早期から生後の環境的要因とはあまり関係なく認められる可能性が高いことがわかってきました。図 10-4 は，生後 1 歳の子どもが 20 分間に母親と目を合わせた（アイコンタクトといいます）回数を男女別に示したものです。女児は平均 22 回程度であるのに対して，男児は平均 16 回程度になっています。つまり，男児は，女児より

表 10-2　認知機能別の性差

a) 運動能力	全身体的運動：男性＞女性 微細身体運動（指先などの運動）：女性＞男性
b) 空間認知	心的回転（mental rotation）：男性＞女性 地図を読むこと（map reading）：男性＞女性 具体的手がかりによる順路記憶：女性＞男性
c) 数的・論理的処理	推論，幾何：男性＞女性 計算：女性＞男性
d) 言語	流暢性：女性＞男性 言語記憶：女性＞男性
e) 情動知覚・認知	表情の認知：女性＞男性

も明らかに母親と目を合わせる回数が少ないことがわかります。

　他者と視線を合わせることは，社会性の指標の1つされているので，この結果は，生後1年の時期で，女性が男性よりも社会性が高い傾向があることを示していると考えることができます。

　同じく認知機能の性差を示す研究として，2歳児の語彙数（ボキャブラリー量）を調べたイギリスの研究があります。図 10-5 は，男児の平均の約 200 語に比べて女児のほうが平均約 280 語と 40％程度多くのことばを知っていることを示しています。もちろん個人差があるので，男性でも平均的な女性より言語的に優位な場合もありますが，一般的に女性のほうが男性に比べて言語の理解や運用に関しては発達的に優位な傾向を示すことが多く，このような性差は，すでに発達初期から認められているのです。

3.2　個々の機能別にみられる性差

　上記の例では，女性のほうが認知的発達が早いということを意味するわけではありません。重要なことは，個々の認知能力をみていくと，大半のパフォーマンスに性差が認められるという点です。

これまで表 10-2 のような傾向が報告されています。

認知機能の性差（認知的性差）は比較的一貫しており，平均的にみる限りでは，言語的・社会的認知処理，すなわち心的な因果認知が関係しているものでは女性が優位な傾向があり，空間的・数的・論理的処理，すなわち物的な因果認知が関係しているものでは男性が優位な傾向がみられることが示されています。

3.3　認知機能の性差は何が決めているのか

認知機能の性差には一定の傾向があることは事実ですが，実際には，女性の建築家（空間認知能力が重要）や男性の小説家（言語能力が重要）が存在するように，それぞれの分野で，すべての女性がすべての男性より優位だったり，劣っていたりするようなことはありません。

認知機能の性差を考えるときには，**集団間の平均値の違いと，個人差（ばらつき）とを区別することが重要**になります。

この性差として観察される認知的傾向の個人差に大きな影響を与えているものの 1 つが，胎児期のテストステロン（fT）濃度であることが最近の研究でわかってきました（⇒ Lecture 3）。**図 10-6** は，胎児期のテストステロン濃度を男女別で示したものです。テストステロンは，男性ホルモンの 1 つで，男児は副腎と精巣から，女児は副腎のみから分泌されるため，男児のほうが女児に比べて明らかに濃度が高く，平均的傾向としての生物学的な性差があることがわかります（中央の太線が平均値，幅がある箱の部分は全体の約 3 分の 2 が含まれることを示す）。

しかし，ここで注目すべき点は，それぞれ上下に伸びている線で，この範囲には全体の 95％の人が含まれることを示しています。男児の 95％の下限は，女児の 95％の下限を下回っており，ほとんど

10
認知スタイル

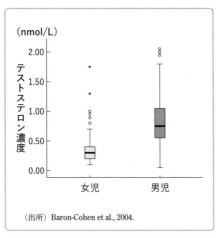

(出所) Baron-Cohen et al., 2004.

図 10-6　胎児期テストステロン濃度

の女児よりも胎児期の
テストステロン濃度が
低い男児もいることが
わかります。また，女
児の 95％の上限は，
男児の平均程度なので，
女児でも平均的な男児
と同じ程度の胎児期の
テストステロン濃度の
人がいる（つまり同性
内でも個人差がある）こ
とがわかります。

3.4　胎児期のテストステロン濃度と2つの因果認知の関係

　胎児期のテストステロン（fT）の濃度のデータがある子どもの追
跡調査の結果，男女ともに，fT 濃度が高かった子どもでは出生後
に物的な因果認知能力が高くなり，fT 濃度が低かった子どもでは
心的な因果認知能力が高くなる傾向があることがわかってきました
（Baron-Cohen et al., 2004）。

　図 10-7 は，2歳児の語彙数と fT 濃度の関係を示したものです。
女児が左上に多く，fT 濃度が低く，語彙数が多い傾向を示してい
ますが，全体としては，fT 濃度が高いほど語彙数が少ないという
関係を示しています。

　図 10-8 は，8歳児のアイテストと fT 濃度の関係を示したもので
す（アイテストは，人の目の周囲の部分の写真を見て〔図 10-9〕，その人
の心的状態〔感情や意図など〕の判断を求める課題で，社会的認知という
心的因果認知能力を測定する検査です）。fT 濃度が高いほどアイテスト

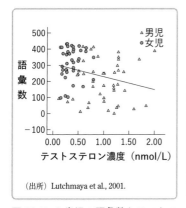

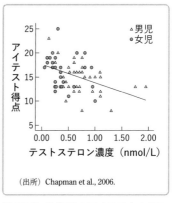

図 10-7　2歳児の語彙数とテストステロン濃度の関係

（出所）Lutchmaya et al., 2001.

図 10-8　8歳児のアイテストとテストステロン濃度の関係

（出所）Chapman et al., 2006.

の成績は低く，fT 濃度によってテスト結果をある程度予測できることがわかります。

　女性が男性よりも人の気持ちを理解できるといわれることが多いですが，実は単に性別ではなく，生まれてくる前のホルモンバランスが脳・神経系の形成に影響した結果，

選択肢：「気の毒に思う」「退屈している」「興味をもっている」「ふざけている」

（出所）Baron-Cohen., 2009.

図 10-9　アイテストの問題例

共感性の個人差として現れているとも考えられるのです。これは，女性でも人の気持ちに鈍感な人や，男性でも共感的な人がいることからも，理解できるでしょう。

　図 10-10 は，8歳児の埋没図形テスト（EFT）の成績と fT 濃度の関係を示したものです。男児のほうが成績が高い傾向はありますが，それ以上に，fT 濃度と成績の関係が強く，fT 濃度が高いほど，

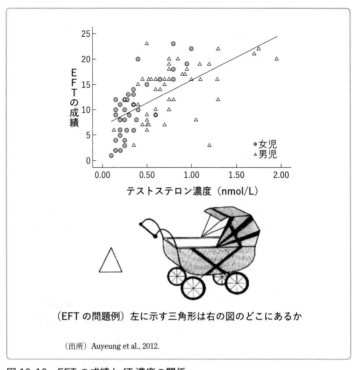

（EFT の問題例）左に示す三角形は右の図のどこにあるか

（出所）Auyeung et al., 2012.

図 10-10　EFT の成績と fT 濃度の関係

EFT の成績は高くなることが示されています。

　これらの結果からも，胎児期のホルモン環境が，生後の認知や行動の個人差に影響を与えていることは明らかです。これまで心理・行動的な面での性差と考えられてきたものは，単純な（性染色体にもとづく）生物学的な性差ではなく，胎児期の生化学的な環境条件によって胎児期に形成された脳機能の差であると考えられるのです。

3.5　システム化指数，共感化指数と fT の関係
　ここまでに紹介したような認知的な性差に関するデータは，羊水

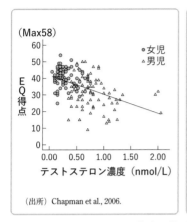
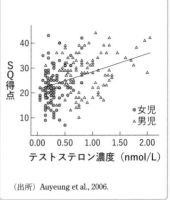

図 10-11　テストステロン濃度と共　図 10-12　テストステロン濃度とシ
　　　　　感化指数（EQ）の関係　　　　　　　　ステム化指数（SQ）の関
　　　　　（8歳児）　　　　　　　　　　　　　係（8歳児）

検査によるサンプルによって，実際に測定した胎児期の fT 濃度と，
その人の生後のパフォーマンスとの関係を示すものです。これらの
結果から，性差として表れるような認知スタイルが，fT 濃度によ
って影響を受けていることがわかります。しかし，一般的には羊水
サンプルのような直接的な胎児期のデータを入手することは難しい
ため，個人の認知スタイルの研究では，その一因と考えられる fT
濃度のような胎児期の生化学的条件を生後に推定することが必要に
なります。最近の認知スタイル研究で使用される推定方法としては，
主として 2.3 で紹介した，システム化と共感化を推定するシステ
ム化指数（Systemizing Quotient；SQ）検査と共感化指数（Empathy
Quotient；EQ）検査という心理検査（質問紙）が用いられます。

　図 10-11 と図 10-12 は，実際に羊水サンプルから fT 濃度を測定
した子どもが，8 歳になった時点で受けた心理検査の結果です。

　図 10-11 は，共感化指数（EQ）検査の結果と fT 濃度の関係を示

したものです。全体的に男児のほうが fT 濃度が高く，個人差も大きいですが，共感化指数得点と fT 濃度の間に一定の対応関係があることがわかります。

　一方，**図 10-12** は，システム化指数（SQ）検査の結果と fT 濃度の関係を示したものです。この図でも，全体的に男児のほうが fT 濃度が高く，個人差も大きいことがわかりますが，システム化指数得点と fT 濃度の間に一定の対応関係があることが示されています（男児のほうが fT 濃度の個人差が大きいため関係は明確に示されています）。

4　認知スタイルに関する
脳・神経科学的研究

　E–S 理論は，理論的なモデルですが，現在では，E–S 理論における認知スタイルの妥当性について，脳・神経科学的研究による検討が多数行われています。

4.1　E–S タイプと脳の灰白質容量との関連性

　E–S 理論での認知スタイルの個人差には，脳の器質的な違いが関係しているのでしょうか。東北大学の脳画像研究チームが中心になって行った研究（Sassa et al., 2012）では，5 〜 15 歳の 261 人を対象に，脳の灰白質容量を MRI（磁気共鳴画像撮影法）で測定し，その結果と E–S 理論の 2 つの認知傾向を測定した共感化指数とシステム化指数との関連性を検討しています。

　その結果，共感化指数得点（心的な因果認知の程度を反映）とシステム化指数得点（物的な因果認知の程度を反映）と灰白質量の脳部位による違いに一定の関係あることが確認されました。具体的には，共感化指数得点は，共感的処理過程に関連していることが知られて

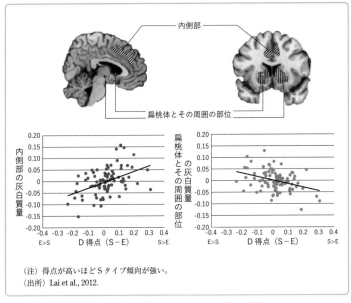

(注) 得点が高いほどSタイプ傾向が強い。
(出所) Lai et al., 2012.

図10-13 灰白質量とD得点 (S−Eのバランス) の関係

いる脳領域の灰白質容量に対して相関を示していました (腹部前庭，下前頭回，上側頭回，島を含む左前頭葉と上側頭葉皮質など)。一方，システム化指数得点は，選択的注意の機能と関連している脳領域と相関を示していました (後頭頂皮質など)。

　ケンブリッジ大学の研究チームが行った研究 (Lai et al., 2012) でも，基本的に同様の結果が報告されています (この研究では，E–S理論の認知スタイルのタイプの指標となる「D得点」=〔共感化とシステム化のバランスを示す指標〕を使用して検討しています)。その結果では，計画性・実行機能に関連する部位と考えられる内側部でシステム化の認知スタイルと対応する結果がみられ，本能や情動と関連があるとされる扁桃体で，共感化と対応する結果がみられています。この

研究では，皮質だけではなく，脳の内側部と扁桃体でも E–S 理論の認知スタイルと対応した脳神経構造上の違いがみられることがわかりました（図 10-13）。

4.2 脳活動と認知スタイル

また，認知スタイルと脳の活動部位との関連性を検討した研究もあります。視線刺激（擬似的な眼の図形）を含む課題を処理中の脳皮質の活動の変化を調べた研究では，図 10-3 でいう E タイプの人では，両側頭部が前頭前野に比べ血流量が増加していたのに対して，S タイプの人では，前頭前野が両側頭部よりも血流量が増加していました。この結果は，E タイプは視線刺激を，社会的情報（視線）として処理している可能性があるのに対し，S タイプは非情動的・非社会的（幾何学的図形）なものとして処理していると考えることができます。

さらに，課題刺激の種類による脳皮質全体の血流量（脳活動）の変化に違いがあることが示されています。E タイプの人は，より社会性が高い刺激条件で血流量が増加していたのに対して，S タイプの人は反対に，社会性が低い刺激条件で血流量が増加していました。この結果は，認知スタイルが違うと注意を向ける刺激の種類が異なるだけでなく，刺激に対する脳の活動自体にも違いがあることを示唆しています。

これらの結果から，認知スタイルの個人差には，脳神経レベルでの基礎があると考えられるのです。

5 第3の心理的個人差要因としての認知スタイル

　ここまでの説明を読んで気づいた人もいるでしょうが，これまで提案されてきた「全体的・部分的」「直感的・論理的」「言語的・非言語的」などという認知スタイルの分類は，E-S理論における共感化とシステム化に対応しているとみることができます。つまり，全体的，直感的，言語的な認知は共感化の傾向に，部分的，論理的，非言語的な認知はシステム化の傾向に，それぞれ基本的には対応していると考えられます。したがって，これまで経験的にとらえられていた認知スタイルは，胎児期の性ホルモンのバランスによって影響を受けて形成された脳神経系の機能の違いが，その基礎となっていた可能性が高いということが考えられます。

　なお，認知スタイルは，知能やパーソナリティの個人差との関連性はほとんどないことから，知能やパーソナリティとは独立した，第3の心理的な個人差要因であると考えられています。

Lecture 10 のまとめ

- 認知スタイルは，文系・理系のような適性や興味・関心の指向に大きく影響を与えている。
- 認知スタイルは，胎児期のホルモン環境（特に妊娠 3～4 カ月頃のテストステロン濃度）に大きく影響を受けている可能性が高い。これは，この時期に胎児の脳神経系の基礎が形成されるためである。
- 胎児期に形成された脳の構造的特徴は，生涯を通して大きな変化はしないため，その特徴にもとづく認知スタイルや，それにもとづく適性は，発達過程を通じて各個人に安定して確認される。
- 認知スタイルは，平均的には女性では共感化傾向が強く，男性ではシステム化傾向が強いといった性差がみられるが，単純な（性染色体による）性差とは一致するとは限らない。

Lecture 11

社会的行動
他者や集団の影響

Social Behavior

1　社会的状況における心理

　心理学では，人の認知や感情，行動を扱いますが，他者の存在や言動などによってそれらがどのように影響されるかといったことや，社会的状況（社会心理学では，2人から社会的状況や集団と考えます）で起こるさまざまな現象も研究対象としており，このような研究分野を社会心理学といいます。社会心理学は，社会的状況における個人の行動や相互作用，集団内での行動など多様なテーマを扱っています。

　以下では，代表的な社会的な状況における心理現象について，みていくことにしましょう。

2 社会的影響
——個人と他者・集団とが相互に及ぼす影響

　社会的影響とは，個人と他者・集団（社会）とが相互に及ぼす影響力を示す包括的な用語で，社会心理学の基本的な概念の1つです。社会的影響として重要なものには，以下のようなものがあります。

2.1　同　　調

　同調とは，他者の行動や意見，あるいは自分に対する周囲の期待などによって，自分の意見や行動をその他者や集団に合わせて変えることです。集団内の各メンバーと集団との関係性，自己との類似性，さらには集団の結束力，事前のコミットメントなどが，個人の同調行動に影響します。こうした同調は，正しい判断や行動を行おうとする欲求による情報的影響と，他者からに期待や要求に応えたいという欲求による規範的影響などによって生じます。

　情報的影響は，自分の判断に自信がないときなどに，周囲の多数派の人の意見や判断に合わせるような同調行動を生じさせます。**規範的影響**は，集団へのコミットメントが強い場合に，その集団の期待に応えようとして同調行動が生じます。

　同調に関してはアッシュ（Asch, S. E.）による線分の比較判断課題を用いた実験が有名です。この実験では互いに知り合いではない8名の学生を対象に，1枚には標準刺激としての線分が，もう1枚には比較刺激として3種類の線分が描かれている2枚のカードを提示して，参加者に標準刺激と同じ長さの線分を選択することが求められました。ただしこの実験では，本当の参加者は最後に回答させられる1人だけで，それ以外の7人の学生はサクラ（実験者の指示に従

って行動する協力者）でした。線分判断は，線分の長さを変えて18回行われ，そのうち12回は7人のサクラ全員が同じように誤った回答をしました。その結果，サクラの全員が誤った選択を行った集団圧力条件では，多数者の判断に同調した誤答は32％にも達しました。しかも，参加者の多くが回答は誤りだと認識しながら他の人に同調して誤答をしてしまっていたのです。この結果は，他の人の判断が誤りであることが明白でも周囲の判断に合わせてしまうことを示しています。

　また，どれだけ同調するかは個人差が大きく，ある程度の同調が適応的な場合もあり，同調行動の意味は状況に左右されます。この実験でも，参加者の一部は，単に早く実験を終えて帰りたくて周囲に合わせただけかもしれません。結果の解釈には注意が必要です。

2.2　応　　諾

　応諾は，他人からの要求や提案によって行動を変えることです。たとえば，フット・イン・ザ・ドアという手法は，説得者が小さな頼みごとをした後に，より大きな頼みごとをするという応諾手法で，訪問販売などで「お話だけでも」とドアに足を挟み込んで閉められなくする手法が由来となっています。これは，一度イエスと言ったらノーと答えにくくなるという心理（一貫性の原理）を利用したテクニックで，小さなことから相手の「イエス」を積み重ね「ノー」と言えないようにして，相手の意思でその答えに行き着いたようにみえる状況にもちこみます。人は言動に一貫性があることが信頼のおける人だと考える傾向があるので，小さな要求にイエスと言ったら，その小さなイエスと関連がある大きな要求にもイエスと言わなければ一貫性がない（信用のおけない）人になってしまうと考えることから，そのような人間だと思われたくないという心理を利用して

います。

2.3　服　　従

　服従とは，権威や権力をもっている人物・集団の命令や指示など
に自分の意思とは無関係に従うことです。したがって，服従による
行動は，自分の意に沿わない行動や，常識的には行わないような行
動につながる場合があります。

　ミルグラム（Milgram, S.）が行った「服従実験」では，実験を企
画した研究者（権威者）から，参加者は教師役として，ある課題を
学習している別の学習者役の参加者が回答を間違えるたびに，罰と
して一段階ずつ強い電気ショックを与えるように指示されました。
そして，もし学習者役の参加者から電気ショックをやめるように頼
まれても，電気ショックを続けるように指示されました。この実験
の過程で，電気ショックに苦しむ学習者役の参加者を見て，「この
ままショックを与え続けても大丈夫か」などと質問する教師役の参
加者もいましたが，実験を企画した研究者からは，途中でやめずに
電気ショックを与え続けるよう指示されました。その結果，65％の
参加者が，研究者の命令で，操作盤に『危険なレベル』と書かれて
いた最大レベルの電気ショックを与えていたことがわかりました
（なお，参加者には知らされていませんでしたが，電気ショックを受けてい
た学習者役の参加者はサクラで，実際は苦痛を感じている演技をしていた
だけで，電気ショックは与えられていません）。

　この実験では，強いレベルの電気ショックを与え続けた参加者は，
自分の意思とは別に，権威者の命令に従ったためにそのような行動
をとったと解釈されました。人間の行動は，個人の意思よりも，権
威者の命令や周囲の人がその命令に従って行動していることなど，
その人がおかれた状況的要因の影響を強く受ける可能性があること

を示しています。

　命令の内容が悪いことや自分の意思に背くことであると自分では
わかっていても，1人だけ不服従の態度をとることは難しいもので
す。しかし，実験の途中で，不服従を示した参加者も一定数いまし
た。こうした権威への服従を抑制する要因としては，権威者の権威
自体を見直すことに加え，「権威に服従しない他者」の存在があり
ます。自分以外にも権威に従わない人の存在に気づくと，権威に服
従しなくなる傾向があることが知られています。

　また，同調と同じように，このような行動をとりやすいかどうか
には，パーソナリティなどの個人差も大きくかかわっています。

　ミルグラムの実験では，実際には他者（サクラの参加者）に電気シ
ョックを与えてはいなかったのですが，教師役の参加者の多くが他
者に苦痛を与えることへの罪悪感などの心理的苦痛を経験させられ
てしまったということについて，多くの批判を受けました。その反
省から，実験実施上の倫理に関する議論が起こり，心理学研究全体
における倫理的問題への対策が進展するきっかけとなりました（⇒
6節）。

2.4　社会的促進

　自分の周囲に他者が存在するだけで，作業のパフォーマンスが向
上する現象を**社会的促進**といいます。オルポート（Allport, F. H.：
Lecture 9 ででてきたAllport, G. W. の兄）」は，課題を1人で行うときと
他の人といっしょに行う場合を比較して，他の人といっしょに行う
ほうがパフォーマンスが上昇することを明らかにしました。同じ課
題などを行っている他者が存在することで社会的促進が生じること
を**共行動効果**といいます。また，単に他者に見られているだけでも
社会的促進が生じることもあり，これを**観客効果**（見物効果）とい

います。共行動効果や観客効果は，明確な相互作用がなくとも，他者が存在することだけで効果があるということを示しています。

　しかし，他の人がいたり，人に見られているとやりにくいという経験がある人もいるのではないでしょうか。このように，他者が存在することがパフォーマンスを低下させる場合もあり，これは**社会的抑制**（社会的制止）と呼ばれます。このように，他者が存在しているということ自体は同じでも，パフォーマンスや行動が促進されたり，抑制されたりするのは，なぜでしょうか。

　社会的促進と抑制について，その原理の説明で最も一般的なものは，ザイアンス（Zajonc, R. B.）による**ハルの動因理論**にもとづく解釈です。それによれば，共行動者や観察者などの他者が存在することが覚醒水準や動因（行動を起こすための内的な欲求）水準を高めるため，何らかの反応をすることで覚醒や動因を満足させようとすると考えます。そして，そのとき行っている課題が容易であったり学習済みである場合には，課題遂行行動をとりやすくなることで促進が起こると考えられます。一方，課題が難しい場合や未知のものの場合には，他者の存在は課題遂行を抑制すると考えられています。

　なお，社会的抑制が生じる場合には，評価懸念が重要な役割を果たしていると考えられています。評価懸念というのは，自分自身や自分の能力などが評価されるのではないかという不安のことです。自己評価が低い場合や自分の課題遂行能力が低い場合などに社会的抑制が生じやすくなることが知られています。

2.5　傍観者効果

　他者を援助すべき状況に直面しても，周囲に他者が存在していることによって援助行動が抑制される現象を**傍観者効果**と呼びます。ある場面（状況）にいるのが自分だけであるときは援助行動が生じ

る確率は高くなるのに対して，周囲に他者がいればいるほど援助行動が抑制されることを，ダーリー（Darley, J. M.）とラタネ（Latané, B.）の実験は明らかにしています。このような傍観者効果が起こる理由には，「責任の分散」「聴衆抑制」「多元的無知」などがあると考えられています。

責任の分散というのは，自分が援助しなくても，他の誰かが援助するだろうと思ったり，誰も援助していないのだから自分も援助しなくてもかまわないだろうと考えるなど，責任や非難が分散されることです。

ある実際に起こった殺人事件で，多くの人が事件の発生に気づいていながら，殺人に至るまで誰1人被害者を助けようとしなかったことについて，メディアは「大都会に住む人の冷たさ」として報道しました。それに対して，ダーリーとラタネは，多くの人が気づいていたために誰も助けなかったのではないかと考えて，それを確認する実験を行いました。実際には，集団討論に参加してもらうという名目で，大学生に個別に1人ずつ個室に入ってもらい，マイクとインターフォンを使用して他の学生と討論をしてもらうという説明を行いました。実験が始まると，討論中に参加者の1人が突然苦しみだし，助けを求める声の途中でマイクが切れてしまうという事態が起こります。この緊急事態に対して，実験参加者が廊下にいる実験者に知らせるかどうか，また知らせた場合，知らせるまでの経過時間を測定しました。

実験の結果は，自分の討論相手が突然苦しみだし，それを知っているのが自分だけしかいないと思った場合（参加者を含めて2名で討論を行っていると説明された条件）では，すぐに実験者に報告する傾向がみられました。一方，参加者を含めて6名で討論を行っているという説明を受けた場合には，自分以外にも討論相手の1人が苦し

みだしたことを知っていると思っており，緊急事態発生の報告率は低く，報告した場合でも時間がかかっていました。

　この結果は，他の複数の人も問題に気づいていると思っていたことが，自分が報告しようとはしない（傍観者になる）ことの背景にあり，傍観者の有無やその数の多さが，緊急事態での援助行動を抑制する可能性があることを示しています。

　また，**聴衆抑制**とは，援助行動が失敗した場合に，他者から否定的な評価をされるのではないかという不安などによって援助行動が抑制されるというものです。一方，**多元的無知**というのは，自分はあることに対して否定的な意見や考えをもっていても，集団内の他の人は皆それに対して肯定的に考えていると，集団内の多数がそれぞれ思い込んでいる状態のことです。このような集団における多元的無知の状況が形成されるのには，2つの要因があると考えられています。1つは，他者の行動は，本人が消極的に行った場合でも，他者はそれを自らの意思で（積極的に）行ったと考えやすいことであり，もう1つは，自分が賛成できないことでも，集団内の多くの人がそれに賛成したり，同意していると思い込むことで，自分だけ集団から排除されることを恐れて，集団内の他者の行動に合わせてしまうということです。

　実際にあるさまざまな社会問題の背景には，これまで紹介したようなメカニズムがはたらいている可能性があるという視点から見ることで，問題の見え方や対処も変わってくるのではないでしょうか。

3　社会的認知
——人はどのように他者や社会をとらえているか

3.1　社会的認知

　社会的認知とは，人が他者や社会的事象に関する情報をどのように知覚し，考え，記憶するかといった認知過程のことです。人は，他者や社会的現象に対しては，物のような非社会的な対象を認知するときとは異なる処理を行っていることが，自閉症スペクトラム障害の人を対象とした「心の理論」関連の研究で明らかにされています。そのような認知処理のなかでも，次に述べる帰属の過程が重要な役割をもっています。

3.2　帰属の過程——原因や理由のとらえ方

　帰属とは，何かが起こったときに，その原因や理由は何かということを説明しようとする心理的なはたらきで，社会的認知には，この帰属過程が影響しています。帰属は，それが生じる要因により，分類することができます。要因の1つめは，帰属が「内的」か「外的」かという分類で，ハイダー（Heider, F.）の理論では，人の行動は，行為者自身の能力やパーソナリティなどの内的要因か，もしくは他者や社会や状況，物理的環境，運などの外的要因に原因が帰属されると考えており，前者を「**内的帰属**」，後者を「**外的帰属**」といいます。何かに失敗した場合，自分の能力不足と考えるのは内的帰属であり，状況や運が悪かったと考えるのは外的帰属の一例です。2つめは，要因が「安定」しているか「不安定」かというものです。「安定」とは，同じような状況で，ある行動や現象が一貫（安定）して生じると考えるか，偶然に生じた（不安定）と考えるかという

ことです。3つめは，自己や他者の行動の原因をコントロールできるかという「統制可能性」の有無です。このように，帰属は，その要因の違いや組合せによって，さまざまな形で起こるのです。

帰属が生じるメカニズムとしては，以下のような理論が代表的なものとして知られています。

■因果スキーマ・モデル

因果スキーマというのは，個人の過去の経験や知識にもとづいて形成された因果関係についての認知的枠組みで，因果スキーマ・モデルでは，人は，この因果スキーマを適用することで，限られた情報から原因帰属を行うと考えられています。

特定の事象が生じる原因は複数あると仮定できるため，複数の原因が存在することで結果が生じると考える**複合必要因果スキーマ**と，複数の原因のうちどれか1つが存在していれば結果が生じると考える**複合十分因果スキーマ**があるとされています。

たとえば，特定の能力と継続的な努力の両方が必要な難易度が高い課題では，課題の成績は，必要とされる2つの要因の存在に帰属されるので，複合必要因果スキーマが適用されることになります。一方，容易な課題の場合には，行為者の能力か努力のどちらかが存在していればよい複合十分因果スキーマが適用されることになります。

■対応推論理論

ジョーンズ（Jones, E. E.）とデイヴィス（Davis, K. E.）が提唱した**対応推論理論**では，人は，行動から行為者のパーソナリティや態度などの内的属性を推測していると考えます。この理論では，行為者の内的属性を行動がどの程度反映しているかという点を**対応性**という概念を用いて表しています。

行為者が行ったある行動に，他の行動にはない特別な効果（非共

通効果）が含まれている場合には，その特別な行動によって行為者の意図（内的属性）を推測することが容易になるため，（行動と意図の）対応性が高いことから，行動を行為者に帰属することが容易になります。一方，行為者が行ったある行動に，特定の非共通効果が含まれていない（つまり誰もが行うような一般的な行動）の場合には，行為者の意図を推測することは困難になります。

■帰属の段階モデル

　対応推論理論では，ある行動を行為者の内的属性によるものだと帰属（推測）させる過程を想定していましたが，実際には状況によって帰属のされ方が異なることから，それを説明するために，状況に関する情報を含めた段階的な処理過程を考慮した段階モデルが提案されています。その代表的なものには，ギルバート（Gilbert, D. T.）の3段階モデルがあります。

　このモデルでは，行為者の行動を特定・分類し（同定），その行動が行為者のどのような能力・適性により引き起こされたのかを考え（特徴づけ），最終的にその行動が生じたときの状況的な制約などを考慮して帰属を修正する（修正）と仮定しています。たとえば，知らない学生が大学の事務窓口で大きな声で怒っているのを見たとします。このとき，その学生が「怒っている」と特定し（同定），その学生は「怒りっぽい人だ」とパーソナリティに帰属します（特徴づけ）。しかし，学生が怒っているのは事務側の手落ちのためであったことを知れば，学生が怒っているのは学生のパーソナリティが原因ではなく，事務のミスという外的要因が原因であると帰属を修正することができます（修正）。

　上の例からわかるように，「同定」と「特徴づけ」は主に自動的に処理が行われますが，「修正」の段階では，複数の情報を組み合わせて，自動的に処理された帰属を見直す処理を含んでいるため，

統制的処理過程と考えられています。この統制的処理過程は，意識的な認知処理が必要なために認知的負荷が高いので，この処理が必要だと考えない限り，省略されやすい傾向があります。その場合には，同定と特徴づけという自動的処理過程だけで帰属が行われるため，次に説明する帰属バイアス（3.3）が生じることがあると考えられています。また，統制的処理過程が省略されない場合でも，情報量が一定以上多くなると，修正過程が適切にはたらかない場合があるとされています。

3.3　社会的認知のバイアス──帰属の過程で起きるバイアス

　帰属の過程には数多くのバイアスがかかわっていることがわかっています。たとえば，行動に対しては「内的」要因に帰属を行う傾向があり，能力やパーソナリティの影響を過大評価して「外的（状況的）」要因の影響を過小評価することが多く，こうした過度の内的帰属を根本的帰属の過誤（エラー）と呼びます。

　また，他人の行動は「内的」要因に，自分の行動は「外的（状況的）」要因に帰属する傾向があり，これを行為者─観察者バイアスといいます。他者が人を見間違えると「不注意だから」と考えるのに，自分が同じように見間違えると「似ていたから」と考えるのがこれにあたります。

　「状況」の要因を考慮せずに，行為者の内的属性の効果を過大視する行為者─観察者バイアスは，視点の違いや情報量の違いによって説明できる場合が多く，たとえば，他者の行動は一貫したものとして知覚されやすいこと，他者についての情報が十分ではないために，その行動を理解するときの中心がその他者になりやすいこと，見ただけでは状況要因を十分理解できない場合が多いことなどが，他者の行動を内的要因に帰属しやすい傾向につながります。

一方，自分の行動については，周囲の状況を自分なりに理解していること，過去の経験から自分の行動は必ずしも一貫しているわけではなく，状況に影響されることを知っていることなどから，外的要因に帰属することになります。

　なお，このようなバイアスは，社会や文化によって生じる割合が異なることも指摘されており，個人主義的傾向が強い欧米では強く現れることが知られていますが，集団主義的傾向をもつ日本などでは，それほど一貫して現れるとは限りません。

　また，**自己奉仕バイアス**とは，自分にとって都合のよい結果は内的な帰属をし，都合の悪い結果は外的な帰属をする傾向のことです。ゼミで2人一組で研究発表をしたとき，その評価が高かったときには「自分のアイデアがよかったから」と考え，評価が低かったときには「組んだ相手が悪かった」と考えるような場合が，これにあたります。ただし，自己奉仕バイアスは，そのまま表出すると日本のような社会では許容されにくい傾向があるため，よい結果が得られたときでも「周囲や相手のおかげ」と外的帰属をしておくほうが受容されやすいことも知られています。

　さらに，偶然生じる出来事を，自分が影響を与えたりコントロールできると考える**コントロール幻想**や，本人には責任がない出来事でも，本人自身にも一部は責任があると考える**過度の責任帰属**などもあります。犯罪の被害者自身にも落ち度があったと考えることも，その一種です。

　こうした帰属が起こる理由についてはさまざまな解釈がありますが，主として内的要因と外的要因のどちらに注意を向けるかという認知論的観点と，自尊心の防衛という動機論的観点から説明がされています。

11

社会的行動

3.4 認知バイアス

以上の帰属のバイアスでも明らかなように，人は多くの場合に客観的で論理的な思考をしているわけではなく，多かれ少なかれ認知的なバイアスに影響を受けています。以下に，代表的な認知バイアスを紹介します。

■正常性バイアス

正常性バイアスとは，自分にとってネガティブな情報などを過小評価したり，無視する認知バイアスのことです。災害や事故など，危険な出来事に直面したときにはたらくことが多く，緊急時に過剰反応しないためにはたらくと考えられていますが，災害時などに，「まだ大丈夫」などと判断して逃げ遅れたりする原因にもなることが知られています。たとえば，台風が接近していて，ニュースで自宅がある地域に避難警告が出ても，しばらくは避難をせずに様子を見ていたり，近隣の人もまだ避難を始めていないからと避難を先延ばしにすることは，正常性バイアスの例です。後者のように，周囲の人の行動を観察し「まだ避難する人はあまりいない」と考えることで多数派同調バイアスが生じている場合もあります。

■確証バイアス

自分がある程度知っていたり，自分なりに意見をもっていることについて調べたり確認するときに，自分の考えや意見と一致していたり，それを支持するような情報ばかりを集め，自分の考えと矛盾したり反する情報には目を向けなかったり軽視したりすることを**確証バイアス**と呼びます。確証バイアスによって，自分の意見や考えは，それが正しくない場合でも，より強化されることになります。

また，**ステレオタイプ**というのは，一般的には，多数の人に共有されている先入観や思い込み，偏見，差別などを意味する用語ですが，社会心理学では特定の集団や，特定の特徴をもつ人に関する過

度に一般化された信念（思い込み）のことをさします。ステレオタイプにはさまざまなものがありますが，特定の集団に属する人の能力や外見，能力，性格などに関するものなどがよく知られています。なお，ステレオタイプは，不正確で，誤った内容が更新されにくいものだと考えられていますが，合理的で正確であることも知られており，必ずしもネガティブなものだけを意味するわけではありません。ステレオタイプは，ある種の一般化であり，確証バイアスによって強化されます。これは迅速な意思決定を行う際に有用である場合がある反面，差別などの原因になる可能性があります。

　ステレオタイプの例としては，血液型別性格のステレオタイプがあります。たとえば，AB 型の人は A 型と B 型両方の特徴をもっているので，二面性をもつとか変わり者であるというイメージには科学的な根拠はありません。しかし，血液型別性格ステレオタイプをもっている人は，AB 型の人が芸術的なセンスがありながら現実的な能力を発揮するという二面性をみると「やはり AB 型だからだ」と考えますが，O 型の人が同じような行動をするのをみても例外だと考えてしまいます。

3.5　認知的不協和

　認知的不協和とは，複数の矛盾する認知が生じている状態のことで，フェスティンガー（Festinger, L.）によって提唱されました。矛盾した認知が同時に生じると，不快な心理状態になるため，これを解消するために，矛盾している認知の内容を変えたり，一方を過小評価したりするだけでなく，自分自身の態度や行動を変えることもあると考えられています。たとえば，医師から健康管理の一貫として甘いものを食べすぎないよう注意されていても，甘党の人は，ついケーキや和菓子を多めに食べてしまうことがあります。このとき

「甘いものをたくさん食べてはいけない」という医師の忠告と，実際には「ケーキを一度に2つも食べてしまった」という行動は，認知的不協和を生じます。そこで「甘いものをたくさん食べても，後で運動すれば大丈夫だろう」とか「明日は甘いものを控えよう」と考えたりすることで，認知的不協和を解消しようとします。

　なお，イソップ物語の『すっぱいブドウ』の話は，努力しても手に入らないものを価値がないとみなすことで自分を納得させているという点で，認知的不協和の解消の例と考えられています。

　以上みてきたように，人間は現実をありのままにみているのではなく，そのごく一部を取り出し，自尊感情や情報処理上の制約などによってバイアスが生じた認知をしています。このバイアスには個人差があり，ときには客観的な情報とは大きく異なることがあります。そのため思い込みや誤解が生じたり，実際には中立的なことも自分にとって不都合なものとして認知してしまうことが起こります。

4　対 人 認 知
——他者をどう認知し行動しているか

　対人認知とは，他者について，その人がどんな人か推測する認知的なはたらきのことで，主として他者のパーソナリティや能力，対人関係のもち方などについて推測することです。対人知覚という場合もあります。

4.1　印 象 形 成
　他者の外見や言動などから，他者の人柄や性格などについての印象をもつことを，印象形成と呼びます。そして私たちは，このような自分なりの印象にもとづいて，他者の行動を予測したり，自分の

行動を変化させたりしています。このように，対人認知は私たちの対人関係にとどまらず，社会とのかかわり方に対しても影響を及ぼしています。

印象形成は，他者に関するさまざまな知識が統合され，全体的または要約的な印象が形成される過程です。2.1 にも出てきたアッシュは，印象形成において個人が他者のパーソナリティ特性に関する情報をどのように統合するかについて研究し，この過程を説明する2つの理論を提案しています。アッシュによれば，一般的な印象の形成は，相互に関連するいくつかの印象の合計であるとするゲシュタルト・アプローチと，個人の経験が以前の評価と組み合わされて印象を形成するという認知代数アプローチによって生じます。

対人認知では，認知をする側がどんな点に注目しやすいかといった要因にも左右されます。基本的に他者の欠点に注目する人は，同じ人物を見ても他の人に比べて否定的な印象を抱く傾向があります。また対人認知は相互的なものであり，自分が他者について認知した内容にもとづいて接することで，相手も自分に対する認知や接し方を変化させます。相手に好感をもって接すると相手もこちらに対して好意的な反応をし，相手に警戒心をもっていると相手もこちらに対して警戒感を抱くようになるのは，こうした相互作用によると考えられます。

また，対人認知の際に他者の情報がすべて均等に処理されるわけではありません。

たとえば，はじめて会ったときの印象は強い影響力をもちます（初頭効果）。ローゼンバーグ（Rosenberg, S.）らは，対人（他者）認知の際に重視される点は，「知的望ましさ（知性）」と「社会的望ましさ（人柄）」の主要2次元に集約されるとしています。「知性」に関しては，知的であるというような望ましい傾向を示す情報が重視

される（ポジティビティ・バイアス）のに対して，「人柄」については，意地が悪いというような望ましくない傾向を示す情報が重視される（ネガティビティ・バイアス）ことが知られています。また，ある点で優れている人は，他の点でも優れていると推測されやすいという**ハロー効果**も対人認知における特徴の1つです。対人認知では，目の前の情報だけではなく他者について知っている過去の情報（**既有知識**）なども含めて判断される傾向もあります。

4.2　対 人 魅 力

　対人認知に関連する重要なテーマは，**対人魅力**の問題です。対人魅力とは，人が他者に好意を抱き，関係を築き，ときには恋愛状態に至るような心理的な作用をさします。対人魅力において最も重要な要因の1つは，2人が相互にどれだけ似ているかということです。一般的な態度，家庭的・社会的背景，価値観などが類似している人ほど，お互いに惹かれ合う可能性が高くなります。

　恋愛では，特に初期の段階では身体的な魅力が重要ですが，その後，類似性などの相性のよさが重要になり，恋愛のタイプは情熱的なものから共感的なものへと変化していきます。

　これは**社会的交換理論**でも説明できるでしょう。社会的交換理論とは，人間の社会行動はその社会的価値にもとづいて交換されると考える理論で，そこでは，人間関係は合理的選択と費用的メリットの分析にもとづいていると考えます。この理論では，人は計算的で合理的であるとする経済学的なモデルを採用しており，簡単にいえば，費用対効果（コストパフォーマンス）が最適化されるように動機づけられると考えます。たしかに，私たちの生活は多くの場面で何らかの資源の交換によって成り立っており，お金，もの，情報，サービス，労働力などのような資源の交換が人間関係の本質であると

考えることができます。

　恋愛関係の場合でも，パートナーの魅力は資源の1つであり，パートナーにかかるコストが利益を上回ると判断した場合には，よい代替相手がいれば関係を解消すると考えます。ただし長期的な関係では，時間の経過とともに，単なる交換ではなく，共同体的な関係になる傾向があるため，単純にコストの計算だけで関係の維持が判断されるわけではありません。

4.3　単純接触効果

　対人魅力とも関連する場合がありますが，**単純接触効果**とは，ある特定の対象への接触頻度が多いというだけで，その対象に対する好意的な態度が形成される現象です。たとえば，たまたま観ていたドラマの登場人物が，最初の頃にはいやなタイプだと感じていたのに，毎週ドラマを観ているうちに，しだいに好感をもてるようになることがあります。単純接触効果は，人間や絵画，ポスター，さらには特に意味のないことばのようなものに対しても生じることが明らかにされています。

　日常私たちが目にするさまざまな広告は，この単純接触効果の影響力を利用しています。テレビでは，同じ製品のCMを繰り返し放送していますが，単純接触効果によって視聴者のその製品に対する印象をよくし，その結果として購買行動に結びつけることを狙っているのです。なお，この単純接触効果は接触した対象について本人が気づいていないような場合でも生じることが知られており，これは**閾下(いきか)単純接触効果**と呼ばれています。

　こうした効果が生じる理由としては，**反応競合の減少説**があげられています。目新しい刺激に対しては，最初のうちは特によい印象は形成されませんが，刺激に慣れるにしたがって情報処理がスムー

11

社会的行動

ズにできるようになり，労力がかからなくなるため，接触が増えることでその対象を以前より肯定的に認識するようになるのではないかと考えられています。

　なお，単純接触効果は必ず生じるというわけではなく，全般的に物事に退屈しやすい人は単純接触効果が生じにくいなど，単純接触効果の生じやすさはパーソナリティにより個人差があるようです。

5　意思決定の葛藤と行動
──行動を左右するジレンマ

5.1　葛　　藤

　同じ程度の強さの2つの欲求が存在し，その両方を満足させることはできないときに，どちらを選択するか決められない状態のことを葛藤と呼びます。たとえば，ケーキ屋さんでショートケーキを買おうかチョコレートトルテを買おうか迷っているような状態です。レヴィン（Lewin, K.）は葛藤を以下の3種類に分類しました。

- ・接近・接近葛藤：2つの対象や状況などのどちらにも接近したい（手に入れたい）という欲求が生じている場合であり，上記の2つのケーキのどちらを選ぶか迷っている状況が該当します。
- ・回避・回避葛藤：2つのどちらも避けたいという欲求が同時に生じている場合で，試験勉強はしたくないが，単位を落とすのもいやだというような状態が該当します。
- ・接近・回避葛藤：同じ対象や状況に対して，接近したい（手に入れたい）という欲求と回避したい（避けたい）という欲求が同時に生じている場合で，例として「虎穴に入らずんば虎児を得ず」という有名な中国の武将の言葉が該当します。この言葉は「大きな成果を得るためには，大きな危険を冒すことが必要だ」

という意味で，成果を得る（接近欲求）ことと危険（回避欲求）が同時に存在していることを意味しています。

以上，レヴィンによる葛藤の3分類に加えて，二重の接近・回避葛藤というものもあります。これは接近・回避葛藤が2つ組み合わさったもので，2つの対象や状況がどちらも一長一短で，選択に迷うような状況に該当します。たとえば，同じ日に自分が同じくらい好きなアーティストのコンサートが2つあり，一方は会場が近いが料金が高く，他方は料金は安いが会場が遠いというような場合が該当します。

5.2 社会的ジレンマ

自分個人の利益と，自分が属している社会や集団としての利益に関する意思決定が，葛藤を起こしている状態をジレンマと呼びます。

ある問題や状況について，集団成員の全員が協力すれば，一定の利益が全員に均等にもたらされますが，集団に非協力的な利己的行動をとることが，個人的にはより大きな利益を得ることになる場合があります。しかし，集団内の多数の人が利己的な行動をとった場合には，集団全体としては悪い結果につながる場合があります。

たとえば，ゴミのリサイクルの問題では，個人としてはゴミ分別のルールを無視してゴミを捨てるほうが手間はかかりませんが，再利用可能なものも廃棄され，資源の無駄が発生し，ゴミの総量も増えて，その処理経費も増加するといった事態を引き起こします。しかし，自分が時間をかけてゴミを分別して出していても，隣の家の人が毎回ゴミを分別しないで出しているのをみると，納得がいかないものを感じるでしょう。こうした社会的ジレンマの代表的なものとしては，ゲーム理論における「囚人のジレンマ」があります。

「囚人のジレンマ」とは，自己の利益のためだけを考えた行動は

最適な結果をもたらさないという意思決定におけるパラドックスです。たとえば，いっしょに犯罪を行った2人が捕まり，個別に尋問を受けた場合，両方が黙秘していることが最も有利なのに，共犯者が裏切って自分に罪をかぶせるのではないかという疑念から，それぞれが相手の罪を話してしまい，結果的には2人とも罪に問われることになります。この場合，両者が協力する（互いに黙秘する）ことを選択した場合，両当事者にとってベストの報酬が得られるのですが，コミュニケーションがとれない状況で相手に協力するかしないかを選択しなければならない状況であるために，個人で意思決定をしなければならず，それが2人にとって最悪の結果をもたらすことになります。

　このような例は，経済や社会全体に数多くあります。共通しているのは，関係者の全員が協力的な選択ができれば全体としてはよくなるような選択肢があるのに，個々の意思決定者は個人的利害によって全体としては悪くなるような行動をとってしまうという状況です。このようなジレンマは，軍拡競争などでもみられます。A国とB国が両方とも核兵器開発を止めれば平和が維持できるにもかかわらず，相手国が裏切って核兵器開発を進めるのではないかという恐怖から，双方とも核兵器開発を進めてしまうといった場合です。「囚人のジレンマ」は，個人レベルだけでなく，政治・経済的状況の理解においても欠かせない問題です。

　なお，この問題は，視点を変えれば他者を信頼できるかという問題でもあります。個人としての意思決定と，集団としての意思決定が矛盾する状況では，**他者を信頼できるかどうかが意思決定において大きく影響する**のです。

態　度

　社会心理学では，思考や行動に影響を与える学習された全体的な評価（たとえば，ある人や問題に対する評価）を態度（attitude）と呼びます。態度は，基本的には個々の対象を承認するかしないかであり，たとえばあるスポーツチームを好むことや，特定の政党の主張を支持することのような好き嫌いなどとして表出される傾向があり，行動への準備状態ということもできます。

　態度に関する研究では，自己報告による態度と，暗黙的な無意識の態度が区別されています。たとえば，人々は意識的には人種差別反対の態度をもっていても，暗黙には（無自覚に）他の人種に対する偏見的な態度を示すことが多いことが，暗黙の連想テストを用いた実験でわかっています。

　態度は，さまざまな経験や環境，学習などによっても形成され，中立的な対象に対しても，それが愛情や怒りなど感情的な刺激に何らかの形で結びついていると，強い態度を形成します。普段は自国の国旗を見ても特に何も感じなくても（中立的），オリンピックで自国の選手が金メダルを取った表彰式での国旗掲揚を見ると，感動によってその評価が変わることがあります。態度は，対人魅力，社会的認知，偏見など，他のさまざまな問題にもかかわっています。

6　研究上の問題

6.1　研究方法上の問題

　社会心理学は，人間の社会的行動に関する問題を解明するために，実験室実験やフィールド観察などで仮説を検証するのが基本的な研究法です。しかし，実際に実験を行うのは手間がかかるので，**場面想定法**といって参加者に特定の社会的状況をイメージしてもらい，そこで自分がとると「思う」行動の回答を得て，それをデータとして分析している研究が多くの割合を占めています。場面想定法で得

られる回答は，個人が個々の状況で自分がとるであろうと主観的に
「思っている」行動を測定しているので，それが実際の状況での具
体的な行動と同じであるかどうかはわかりません。

　実際の実験的手法では，たとえば，子どもたちをランダムに2つ
の集団に分け，それぞれのグループに暴力的なテレビゲームか非暴
力的なテレビゲームをプレイさせて，その後で自由遊びをしている
子どもたちの攻撃的な行動をカウントして比較するといった方法を
とります。しかし，実験のために子どもに実際に暴力的なテレビゲ
ームをさせることは，実験対象となる子どもたちの心を傷つけてし
まったり，場合によっては実験後長期的な悪影響を与えるかもしれ
ません。そこで，場面想定法を用いるのですが，場面想定法では
「暴力的なゲームをした後のほうが非暴力的なゲームをした後より
も，自分の行動が乱暴になると思いますか？」という質問をして，
その回答を分析するもので，実際の場面での具体的行動を反映する
という保証はありません。

　また，社会心理学の研究では，2つの変数間の統計的な関連性を
調べる相関法もしばしば使用されます。たとえば，子どもが家で暴
力的なゲームをしている時間と，子どもが学校で行う攻撃的行動の
頻度の相関を調べることで，両者の関係を検討するといった方法で
す。ただし，この方法では，相関が一定以上得られたとしても，暴
力的なゲームをすることが子どもの攻撃性を引き起こすことを意味
するとは限らず，もともと攻撃的な子どもだから長時間暴力的なゲ
ームをしている可能性もあり，関連性は示せても，因果関係の方向
性はわかりません。

6.2　倫理上の問題

　社会心理学の目的は，社会的文脈のなかで自然に起こる認知や行

動を理解することですが，人を観察するという行為自体が，対象となる人の行動に影響を与えることがあります。そのため，多くの社会心理学の実験では，研究の目的を参加者に気づかれないようにするために，偽の研究目的や偽の参加者（サクラ），偽のフィードバックをするなど，ある種の欺瞞を行います。しかし，研究のためとはいえ欺瞞を行うことは倫理的に問題があります。また，参加者を騙すだけでなく，ミルグラムの「服従実験」のように参加者を不快で苦痛を感じる状況に追い込むこともあり，これも倫理的な点から批判されています。

　現在では，研究参加者の権利と安全を守り，人間の行動に関する有意義な研究を行うために，研究は倫理審査によってチェックされています。審査では，研究内容が参加者に害を与えないことや研究の利益が参加者に起こりうるリスクや不快感を上回ることなどを確認します。また，参加者が実験で何を要求されるかを事前に知り，いつでも実験参加をやめられることを確認するために，インフォームド・コンセントのプロセスが用いられています。実験の終了時にはデブリーフィング（事後説明）を行い，欺瞞などが使用されていた場合にはそれを明らかにし，参加者が実験の過程で傷つけられていないかどうかを確認しています。

6.3　再現性の問題

　社会心理学の研究結果には再現が困難なものがあることがわかっており，社会心理学は再現性の危機に瀕していると主張する人もいます。ただし，研究結果が再現できないことは社会心理学に特有のものではなく，科学のあらゆる分野でみられます。

　社会心理学におけるいくつかの有名な効果についても，以前から再現が難しいことが指摘されており，仮説を裏づけることができな

かった研究が長年専門誌に掲載されている場合があります。2014年の *Social Psychology* という専門誌の特集では，再現研究に焦点が当てられ，以前から信じられていた多くの「信念」に関する研究成果が再現困難であることが明らかにされました。

　ここで重要なことは，このような再現性の問題は，単に社会心理学が非科学的であることを意味するものではなく，このような再検討によって精査に耐えられない結果やそのアイデアを淘汰することが科学の発展の一部であるということです。

Lecture 11 のまとめ

- 社会的影響とは，人が相互に及ぼす影響力を示す包括的な用語で，主要な側面には，「同調」「応諾」「服従」などがある。
- 何かが起こったときに，その原因や理由を解釈する帰属過程では，他人の行動は内的な原因に，自分の行動は外的（状況的）な原因に帰属する傾向（行為者―観察者バイアス）がある。
- 対人認知とは，主として他者のパーソナリティや能力，意図や態度などについて推測することである。
- 自分の周囲に他者がいることで，作業や課題を遂行しているときに，その成績が向上する現象を社会的促進といい，反対に，遂行成績が低下する現象を社会的抑制（社会的制止）という。
- 他者を援助すべき状況であっても，周囲に多くの人がいることによって援助行動が抑制されてしまう集団心理を傍観者効果という。
- 社会全体や集団の利益と，その構成員である個人の利益が衝突する場合に生じる意思決定の葛藤状態を社会的ジレンマという。

Lecture 12

心理的適応と不適応

「普通」と「変」のあいまいな境界

Psychological Adjustment and Maladjustment

1　心理的不適応とは何か

　心理的な適応と不適応の区別は，身体面での正常と異常の区別以上に難しい面をもっています。身体的に正常である（ここでは健康であるという意味と同義と考えておきます）かどうかについても，その区別は簡単ではありません。たとえば，体温が36℃前後なら正常で，39℃であれば異常ですが，37℃の場合は，区別は非常に難しいでしょう。ウイルス性の疾患を例にあげれば，感染していても発症していない場合は，正常なのか異常（病気）なのかという判断は，絶対的なものとは限りません。

　心理状態は，身体状態以上に，客観化・数値化が困難であり，適応（正常）と不適応（異常）状態の判断基準があいまいです。また，心理状態には，外部から観察可能な行動面に表出されるものだけで

はなく，本人にしかわからない内的な意識状態もあるため，判断は
さらに難しくなります。

たとえば，明らかに存在しない物が，ある人には見えている場合
（これを幻覚といいます），これは異常な状態ですが，その幻覚がある
人が，ないはずものが見えるのはおかしいと考えて，そのことを誰
にも言わなければ，その人の異常性は外部からはわかりません。こ
の場合，この人を異常と判断することができるのでしょうか。

また，人間の心理・行動面での正常・異常については，時代や社
会によっても基準が変わることがあります。たとえば，神のお告げ
を聞くことができる人は，先史時代には貴重な存在として崇められ
ましたが，現在の先進国では，幻覚や妄想があるとして，心理的不
適応（異常）と判断されるでしょう。21世紀の現在でも，地域や文
化によって，行動などの正常・異常の基準は異なり，単純に一般化
した判断は困難な場合があります。これらのことを考慮し，現在で
は，心理的な不適応状態（異常性）を**「自己または（および）他者や
社会が，明らかに苦痛や迷惑を被るような心理状態や行動があるこ
と」**としています。

1.1　正常・異常（病理）の判断基準

心理学や精神医学では，現在は一般的に以下の3つの判断基準が
適用されています。

■統計的基準

人口統計的な分布を基準として平均から一定以上離れた値を示す
場合を異常とみなします。たとえば，知能のところで出てきたIQ
（➡ Lecture 8）が70以下の場合には知的障害とみなすというのは，
IQの統計的分布から，70以下は知的水準の分布で平均から離れて
いるという考えにもとづいています。

障害は「個性」なのか

　近年，障害を「個性」として考えようという主張が増えています。個性は，現時点では専門用語ではなく，定義があいまいですが，個性を単純に個人差＝他者との違いとして考えるのであれば，障害も個性といえるでしょう。

　しかし，この考え方の背景には，障害を否定的にとらえる従来の考え方に対するアンチテーゼとしての主張が含まれています。本来，科学は社会的価値からは独立であることが重要であり，このような社会的なメッセージ性のある主張に対しては，注意が必要です。

　どのような障害も個性であると認めるのであれば，反社会性パーソナリティ障害の人の行動も個性として認めるべきだということになります。社会や他者に迷惑をかけることが個性の発揮の結果であるとして受容することができるのか，難しい課題がここには含まれています。また，障害を個性としてしまうことによって，その人のかかえる障害による困難や生きづらさを矮小化してしまう（必要な支援が得られにくくなる）可能性がある点も忘れてはいけないでしょう。

　個性というのは，実際には個人差そのものと考えるのではなく，能力やパーソナリティなどの個人差として表出される特徴を，各個人が自分の環境に適応するためにどのように生かしているかという，ある種の適応のスタイルと考えるべきでしょう。そのように考えると，障害自体がそのままで個性ということにはならず，その障害を適応上生かすことができたときに，障害は個性といえるのではないでしょうか。

■社会的（価値的）基準

　一方，統計的基準において平均から離れていても，知能が一定以上高いなどのように社会的な価値が伴う場合や，社会において特に問題（障害や支障，生きづらさ）が生じていない場合には，異常とは判断しないという考え方もあります（もちろん，社会的価値がないことで，異常と判断するわけではありませんし，そもそも社会的価値自体の判断基準も一定ではなく，難しい課題が含まれています（➡ Column ⓫）。

■診断的（病理的）基準

　特定の異常性を示す兆候（症状）が一定数あるいは一定頻度認められることを基準に異常とみなす考え方もあります。たとえば，幻覚や妄想が一定数あるいは一定頻度あることは異常と判断されます。幻覚とは，存在しない物が見えたり，いない人の声が聞こえたりすることであり，妄想とは，公共放送で自分の悪口を放送しているとか，自分はナポレオンの子孫であるなど，ありえないことを確信している場合です。

　ここで重要なことは，症状（兆候）には，sign と symptom という2種類があり，sign は外部（他者）からもわかる症状であるのに対して，symptom は本人だけがわかる症状であるということです。心理的異常の判断には symptom が重要ですが（幻覚や妄想は symptom），その存在によって結果的に行動に異常性が現れる（sign）ことで診断されることが多いといえます。

1.2　心理的不適応（異常）の分類の歴史

　心理的不適応（異常）は，その重篤度や症状の現れ方が多様なため，さまざまな分類が考えられてきました。代表的なものは，19世紀末から20世紀のはじめにかけて，精神障害の体系的分類を行ったドイツの精神医学者クレペリンの分類体系と，現在一般的になっているアメリカ精神医学会による『精神疾患の診断・統計マニュアル』（2013年には第5版：DSM-5）です。

■クレペリンによる分類体系

　クレペリン（Kraepelin, E.）による分類は，**原因と症状と経過**（治癒可能性）による分類であり，psychosis（統合失調症や躁うつ病など）や neurosis（神経症）といった治癒可能な「精神疾患」と，「知的障害やパーソナリティ障害の一部など」の治癒できないものとに二分

234

するものでした。ここでの治癒可能性とは、生まれつきのものではなく、発達過程のある時点で発症したものであり、治療可能な状態かどうかということを分類の基準にしていました。

また、精神疾患のうち、psychosis と neurosis の区別は、症状自体によってある程度可能とされていましたが、その区別が明確につかない場合には、病識（自分が病気＝異常であるという認識）の有無が判断の参考にされ、自分の思考や行動の異常性に気づいていなければ（病識がない場合）psychosis で、異常性を認識していれば（病識がある場合）neurosis と診断されることもありました。

思考や行動の異常性を認識できるなら、自分でコントロールすればいいのではないかと考える人もいるでしょうが、コントロールできる状態ならば正常範囲です。自分でも異常だとわかっているのに、そのような思考や行動をコントロールできない状態が、心理的不適応状態といえるのです。

■原因（病因）による分類体系

また、原因（病因）によるクレペリンの分類では、「精神病」（精神障害のなかの1分類で、現在の分類名とは異なる）については以下の3つの原因が考えられていました。

① **内因性**：内因（個人内要因）が発病の素因として考えられるもの（代表的なものとしては統合失調症、躁うつ病など）。

② **外因性**：薬物（アルコールを含む）や頭部外傷など、外的な要因で脳神経系に何らかの損傷が生じ、それが原因となって発症するもの。

③ **心因性**：強いストレスなどの心理的要因によって発症するもの。一般的に、心理的要因による障害としては、後述する神経症レベルの不適応状態を発症することが多いのですが、一部は、より重篤なレベルの不適応を発症することがあります。

1.3　症状と経過による操作的分類——DSM による診断の難しさ

　実際には，心理的な障害の多くは，明確な生物学的原因を特定できません。したがって，その精神医学的診断は本人による心理状態の報告と，外部（家族・医師等）からの観察情報に頼らざるをえないものが大半を占めます。

　現在では病因は考慮せず，症状と経過から操作的に分類（診断）する方法が一般的になっており，DSM と，世界保健機関（WHO）による「国際疾病分類」（ICD）がよく使用されています。DSM では，それぞれの障害の診断に必要な症状をリストにして，何項目以上該当すればその障害であるという形式で診断が行われます。この方法は一見客観的にみえますが，患者の症状や行動が個々のリスト項目の内容に該当するかどうかの判断は，精神科医でも客観的にできるとは限りません。アメリカで行われたある実験では，俳優を雇って精神障害のふりをさせて精神科を受診した場合，精神科医は80％以上のケースで演技であることを見抜けなかった（障害と診断した）という結果がでています。

　また，診断基準はあっても，それは目安にすぎず，それをどのように解釈するかは専門家の能力や知識に大きく左右されているのが現状です。たとえば「はっきりした理由がないのに不安になることが多い」という項目に該当するかどうかは，何を不安とするか，多いというのはどれくらいの頻度かによって判断は変わるため，同じ症状でも精神科医によって診断が違う場合があることが課題として指摘されています。

2　さまざまな心理的不適応

　ここでは，主要な心理的不適応について，簡単に紹介します。

2.1 統合失調症

　私たちの感情や思考は，脳内の認知処理のネットワークを使って処理されていますが，通常複数のネットワークが統合的にはたらくことで機能しています。しかし，何らかの原因でこの統合がうまくはたらかなくなることがあり，そのために感情や思考機能が適切にはたらかなくなった状態が，統合失調症（schizophrenia）であると考えられています。

　統合失調症の症状には，幻覚や妄想など，正常時にはないものが表れる「陽性症状」と，感情の平板化や意欲の低下など，本来あるべきものが失われる「陰性症状」があり，また刺激や状況に臨機応変に対応できない「認知機能障害」などがみられます。

2.2 躁うつ病

　うつ状態だけが起こる病気を「うつ病」といいますが，うつ病とほとんど同じうつ状態に加え，うつ状態とは対極の，感情や行動が異常に高揚化する躁状態や軽躁状態も表れて，この2つの極を繰り返す場合が，躁うつ病（DSM では双極性障害）です。

　躁状態では，ほとんど寝ることなく活動し続け，多弁になって家族や周囲の人に休む間もなく話し続けたり，仕事や勉強にエネルギッシュに取り組みますが，1つのことに集中したり継続することができず，人間関係や社会活動が大きく障害されます。軽躁状態は，躁状態ほど極端ではありませんが，いつもとは人が変わったように元気で，短時間の睡眠でも平気で活動し，明らかに「ハイ」な状態で，いつもに比べ人間関係に積極的になり，周囲の人からすると，少し行き過ぎという感じを受ける場合もあります。一方，うつ状態では，憂鬱な気分が一日中，また何日も続くという「抑うつ気分」と，すべてのことにまったく興味をもてなくなったり，何をしても

楽しさや喜びの気分がもてなくなる「興味・喜びの喪失」の2つが，中核症状として知られています。

2.3 神経症

　神経症とされる状態にも，さまざまな症状があります。以下に，代表的な神経症レベルの不適応状態を紹介します。

■不安神経症

　不安神経症（DSMでは全般性不安障害）とは，特定の対象や状況に対してではなく，さまざまな状況に対して強い不安や心配を抱きやすく，その原因や理由が明確ではないため，しばしば強い不安を感じ，気になりだすと最悪の状態を想像したり，不安で落ちつかず何も手につかない状態になるものです。不安が強いため，休んでも疲れがとれなかったり，眠れなくなったりというように，身体的にも不調が表れます。

　なお，ある程度の不安は誰でも経験するもので，原因がわからない，不安を慢性的に感じる，身体的な不調を伴うなど，複数の症状がそろわなければ，不安神経症とはいえません。

■強迫神経症

　強迫神経症（DSMでは強迫性障害）とは，不合理な行為や思考を自分の意に反して反復してしまう症状が特徴で，同じ行為を繰り返す「強迫行為」と，同じ思考を繰り返す「強迫観念」があります。強迫行為とは，不安を打ち消したり，振り払うための行為で，不合理なものですが，それをやめると不安や不快感を感じるために，なかなかやめることができません。たとえば，確認強迫の場合には，家の鍵や電気のスイッチなどを度を超して繰り返し確認するなどといった強迫行為がみられます。

　一方，強迫観念は，本人の意思と無関係に頭に浮かぶ，不快感や

不安感を生じさせる観念（思考）です。強迫観念の内容が現実になることはなく，事実でもないのですが，それを考えずにはいられない状態です。たとえば，不吉なことを考えると，それが実際に起こるのではないかと考えて，考えないようにしようと意識するために，結局そのことを考えずにはいられない状態などが該当します。

■恐　怖　症

　恐怖症（DSMでは限局性恐怖症）とは，特定の状況や対象に過度な恐怖を感じ，その恐怖によって生活や精神状態に支障が生じてしまう症状です。「○○恐怖症」と呼ばれているものは数多くあり，学術用語として記録されているものだけでも，高所恐怖，閉所恐怖，クモ恐怖など100種類以上あります。

　ただし，特定の対象や状況に恐れを感じることは，誰にでもあることなので，それだけで恐怖症と診断されることはありません。恐怖を感じる対象や状況を恐れることは，正常な適応反応です。それによって本人や周囲の人が非常に困っているか，日常生活に大きな影響が出ている場合，そして恐怖の理由が不合理な場合が，恐怖症と診断される重要なポイントになります。

　a）　**恐怖症は「何かが怖い」ことだけではない**　　「自分は○○恐怖症では」と思っている人は，結構いると思います。特に多いのは，自分が「高所恐怖症」だと思っている人ですが，実はそのほとんどは恐怖症ではありません。人間は鳥のように空を飛べるわけではないので，高いところでは恐怖を感じるのは当然のことです。スキー場のリフトで下を見たときや，高い吊り橋の上からはるか下の谷川を見たときに恐怖を感じるのは正常な（適応的）反応です。高所恐怖症は，高い場所にいると（特別高くなくても，時には2階の窓から外を見たり，机の上に立った程度でさえ）「落ちるのではないか」「飛び降りてしまうのではないか」などと「**不合理に**」恐れを感じる状態で

す。

　ヘビやクモなどの特定の動物が怖いと感じるのも，毒をもつ種類が多いため，恐怖を感じることで身を守るという進化の過程で獲得された適応的な反応とも考えられ，ある程度の知識があればコントロールは可能です。自分でコントロールできない「不合理な」恐れがあり，それが生活に影響するときに，はじめて「恐怖症」と診断されるのです。

　b)　恐怖症の文化・社会的多様性　　また，「対人恐怖」ということばを聞いたことがある人は多いでしょう。対人恐怖は，対人場面で不当な不安や緊張が生じて，嫌われるのではないか，相手に不快感を与えるのではないかと考え，対人関係を避けようとする神経症の一種です。DSM では日本や韓国に特異な症状（特定の文化・社会に依存した症状）とされ，診断基準には独立した項目としては載っていません。DSM には，一見類似した診断概念として「社交不安」がありますが，対人恐怖では社交（対人）場面自体に不安や恐怖を感じるわけではなく，一定の関係にある他者に対して，自分がその人を不快にさせているのではないかという社会的評価への恐怖であるという点で，日本などの文化に固有と考えられています。

　海外には「人間恐怖」というものがあり，これは人間という対象を（クモやヘビのように）恐れるのですが，対人恐怖では人間自体を恐れるわけではありません。したがって，たまたま電車に乗り合わせたような見ず知らずの他者一般は，それほど気になりません。顔見知りだけれど親しくはない程度の（距離のとり方が難しい）他者との場面を必要以上に恐れるのが，対人恐怖の特徴なのです。

2.4　パーソナリティ障害（人格障害）

　パーソナリティ障害は，一般的にみられるさまざまなパーソナリ

ティ傾向の特徴を超えた極端な反応や行動を持続的に示すことで，本人や他者（社会）が対応に苦慮したり迷惑を感じている状態です。ユニークな言動があっても，自分や他人・社会が迷惑を受けなければ，パーソナリティ障害とはみなされません。また，いわゆる「性格が悪いこと」を意味するものではありません。もののとらえ方や考え方などの認知面や感情，衝動のコントロール，対人関係などの広い範囲で明らかな偏りがみられ，障害（問題）が長期的かつ全般的に生じている場合に，パーソナリティ障害と診断されます。

　なお，一般（マスメディア等）では，反社会的人格の一種を意味するサイコパシー（psychopathy：心理学用語で，主に異常心理学・精神医学などで使用される）の状態の人を表すことばとして「サイコパス」という用語の使用がみられますが，現在の心理学や精神医学の専門用語として使用されることは少なく，類似した用語である「ソシオパス」も，専門用語としては使用されません。

3　心理的不適応状態への心理的介入

3.1　臨床心理学

　臨床心理学は，精神障害を含む心理的な問題や，不適応行動などの，支援，回復，予防の実践，およびその研究を目的とする心理学の一分野とされています。臨床心理学は，実証科学であることを重視する心理学のなかでは，特に実践領域において，実証科学性よりもクライエントの適応状態の改善を重視する傾向があります。

　臨床心理学は，一般には，カウンセリングと同一視される傾向がありますが，カウンセリングには，結婚カウンセリングや職業カウンセリングのように，心理学的なアプローチには限定されないものもあります。心理学におけるカウンセリングは，クライエントの悩

みに対して心理学の専門的な知識や技術を用いて援助を行うという，臨床心理的実践の一部です。

　理論的な領域では，多様な心理的不適応が起こるメカニズムなどについての仮説やモデルをつくることが行われますが，臨床心理学的実践の領域では，精神分析や行動療法などといったさまざまなアプローチによって，クライエントの問題の解決を試みることが中心的な役割となっています。

　精神医学的治療では，心理的不適応状態（いわゆる精神障害や神経症）のほとんどに対して，向精神薬の投薬治療を行います。しかし，現時点では，精神障害や神経症自体を治療する薬は存在しないので，症状を緩和・抑制する対症療法としての薬物療法を行うことになり，本質的な治療ではありません。たとえば，発熱したときに，その原因となっている病気に効果がある薬を服用するのではなく，解熱剤を服用して熱を下げるようなものです。

　心理職は（日本では）医師法の規定により投薬や治療行為はできませんので，一般に心理療法といわれている（正確には「心理的介入」と呼びます）アプローチによって，クライエントの心理的不適応状態の改善を試みています。そこで，以下に代表的な心理的介入法を紹介しましょう。

3.2　精神分析療法

　フロイトが創始した精神分析（➡ Lecture 2 の 3 節）は，多くの心理的介入法の基礎となっており，その実証的効果が明確には認められないことが明らかにされて以降も，代表的な介入法として存在しています。

　精神分析では，クライエントに自由連想をしてもらい，頭に浮かんだことをすべて報告してもらいます。その内容を手がかりとして，

無意識下にあると考えられる不適応症状の原因を精神分析の専門家が解釈していきます。その解釈の内容には，クライエントが受け入れがたいことも含まれますが，それをすべて受容することで，問題が解決されると考えます。この方法では，精神分析の専門家の言うことが絶対的な意味をもちます。しかし，現在，フロイトが行ったような方法での精神分析療法を実践している臨床家は，日本にはほとんどいません。日本では，「精神分析的」な考え方を基本として，他の手法と組み合わせ，ソフトにアレンジされた心理カウンセリングが一般的です。

3.3　来談者中心療法

　来談者中心療法は，アメリカのロジャース（Rogers, C. R.）が始めたアプローチで，治療者が主導的な役割をもつ精神分析とは反対に，名前のとおり来談者（クライエント）が自ら問題に気づき，自分で問題解決法をみつけるのを手助けするというアプローチをとります（人間中心的アプローチとも呼ばれます）。

　ロジャースの基本的な考え方は「来談者の話をよく聞き，来談者自身がどのように感じ，どのように生きているのかということに真剣に向き合っていけば，カウンセラーの知識や経験によって指示したり解釈したりしなくても，来談者自らが気づき，成長していくことができる」というものです。カウンセラーには，自分自身の体験・意識・表現が一致していること，来談者に無条件の肯定的な関心をもつこと，共感的に理解することが必要とされます。症状の病因を特定し，それに対して直接的にアプローチする西洋医学的な介入というより，個人の特徴（体質）や症状をふまえ，本人の主体性を尊重したアプローチという点では，「漢方薬」的な心理的介入ともいえます。

3.4　行 動 療 法

　行動療法は，学習理論（主として条件づけ）（⇒ Lecture 4 の 2 節）を
基礎とする数多くの行動変容技法の総称です。行動療法においてター
ゲットとするのは，客観的に観察可能な「行動」で，目標とする
のは，望ましくない（不適応）行動の「弱化」「消去」といった行動
の制御です。ある種の訓練のような方法であり，精神分析のような
原因の解明や，来談者中心療法のような受容的な支持療法とは明ら
かに異なるアプローチです。

　行動療法の技法は精神科・心療内科などの医療にとどまらず，ア
ルコール依存のような習癖の改善やリハビリ，障害をもつ子どもの
療育，犯罪を犯した人の矯正など，幅広い分野において利用されて
います。最近では，認知療法と統合され，その技法は，現在主流と
なっている「認知行動療法」に応用されています。

3.5　認知行動療法

　認知行動療法とは，行動に焦点を当てた「行動療法」から，思考
などの認知的側面に焦点を当てることで発展してきた心理的介入技
法の総称です。

　不適応行動の原因となっている個人の認知・思考の論理過程の偏
りに修正を加えることを目的としており，認知，感情，行動は密接
に関係しているとされています。基本的に，自分の不適切な考え方
を見直し（認知の偏りに気づく），それに伴う感情と行動の変化をモ
ニターし，修正していくという方法です。

3.6　心理的介入の難しさ

　心理的介入では，科学的実証性と適応状態の改善（心理的問題の
解決）が一致するという保証はないため，心理学のなかで異端的な

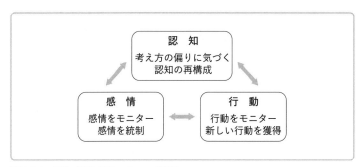

図 12-1　認知行動療法の 3 つの過程

位置づけをされることもあります。実証科学では客観的な事実が重要ですが，個人の心理的問題にとっては科学的な客観性や実証性よりも，本人の適応状態の改善のほうが重要だからです。

　現在，心理的不適応に対する介入（治療）的アプローチのなかで，最も科学的実証効果が確認されているのは，認知行動療法のアプローチですが，この方法でも効果がでないクライエントは一定数存在します。一方，実証的な治療効果が明確とはいえない精神分析でも，状態が改善する人は一定数います。極端な例をあげれば，霊感療法（？）のように高額な壺や書物を買って毎日眺めているだけでも，状態が改善される人もいます（おそらく実態は自己暗示でしょう）。

　最後の例は，ある種の詐欺に近いものですが，本人が納得して（信じて）実際に状態がよくなるのであれば，科学的・常識的には「おかしい」と思われる場合でも，個人にとっては「効果的」なことがあり，ここに心の問題の難しさがあります。

4 心理的不適応の診断の難しさ
──多重人格障害を例として

　心理的不適応の診断，心理的な正常・異常の判断は，単純ではありません。こうした**精神医学的診断の恣意性**という問題について，1980年代から1990年代前半にアメリカで起こった多重人格障害の大流行を例にあげて考えてみることにしましょう。

　多重人格（古くは二重人格）ということばを聞いたことがある人は多いでしょう。映画にもなったスティーヴンソンの小説『ジキル博士とハイド氏』は，二重人格を扱った古典的な作品です。この多重人格障害という診断基準は，1994年までDSMに存在していました。そして，1990年代のはじめには，アメリカでは多重人格障害の診断が急増し，ある専門家は人口比1％（100人に1人）が多重人格障害であるとまで論文上で報告しています（これが事実であれば，日本ならラッシュ時の電車の車両1両あたりに数人の多重人格障害者がいることになります）。多重人格という複数の人格状態が1人の個人のなかに出現し行動を支配する症状は，18世紀末から報告があり，現在でもきわめてまれながら報告があります。しかし，100人に1人が多重人格障害であるというアメリカでの報告は，常識的に考えれば，おかしいことに誰でも気づくのではないでしょうか。

　なぜ，精神医学のトレーニングを受けたアメリカの精神科医たちが，こうした状態に疑問をもたず，多重人格障害の診断を頻発してしまったのか，その背景には，精神医学的診断の根本的な課題とともに，人間の心理と経済的原理の2つの要因が関係していました。

　精神医学的診断は，基本的に自己申告を含めた症状にもとづく診断であり，多重人格障害の診断が増加した1980年代から90年代前

半も，基本的にはDSMのリストにもとづいて診断を行っていましたが，リストの特徴の記述にあてはまるかどうかは，医師の判断次第です。当時，多重人格障害の流行に関心をもっていた精神科医は，その診断基準の特徴に注目し，それに合致する点を探して患者を診断したと考えられます。

　また，アメリカでは精神障害にも保険があり（日本でもありますが一般的ではない），身体疾患と同様に，珍しい病気と診断された場合ほど，患者に支払われる保険金は高くなる傾向があります。もともと，多重人格障害として診断されるような症状はまれであり，それまでは統合失調症などと診断される場合がほとんどでした。しかし，統合失調症より多重人格障害と診断されるほうが，患者にとって保険金などで（金銭的な）メリットがあり，診断する医師も，珍しい多重人格障害として診断したほうが，研究報告で業績になり，社会的に注目も集まるなど，患者と医師の双方に利益がありました。こうした事情も，多重人格障害の診断が急増したことの背景にあったと考えられています。

　実はLecture 5の4節で取り上げた，虚偽記憶が絡んだ幼児期虐待問題の流行（ただしほとんどは事実ではなかった）も同じ時期に起こっています。そして幼児期の虐待が多重人格障害の原因であると当時は考えられていました。こうした状況から，多重人格障害の診断数のあまりの増加の異常さに，精査が行われた結果，そのほとんどは多重人格障害とはいえないと判断され，1994年にDSMの診断基準が変更された際に，誤解を招きやすい多重人格障害という診断名自体が削除されてしまいました。そしてこの種の症状には「解離性同一性障害」という診断名がつけられましたが，それ以降は診断自体がほとんどされなくなりました。この事例は，精神医学的診断の恣意性・脆弱性を象徴するものと考えられています。

Lecture 12 のまとめ

- ・心理的適応・不適応（正常・異常）の判断基準には，平均的傾向からの逸脱を異常とみなす統計的基準，社会的な価値にもとづく社会的（価値的）基準，兆候（症状）の存在にもとづく診断的（病理的）基準などがある。
- ・心理的不適応状態への対処法としての心理的介入には，クライエントの自由連想を手がかりに，無意識下にあると考えられる不適応症状の原因を解釈する「精神分析」，クライエントが自ら問題に気づき，自分で問題解決法をみつけるのを手助けする「来談者中心療法」，望ましくない（不適応）行動の制御（弱化，消去など）をすることで症状を改善する「行動療法」，自分の不適切な考え方を見直し，それに伴う感情と行動の変化をモニターし修正していく「認知行動療法」などがある。
- ・心理的不適応の診断は，自己申告を中心とした症状を手がかりに，精神科医が DSM のような診断マニュアルのリストにもとづいて行うが，リストの特徴に当てはまるかどうかは医師の判断次第であり，客観的な判断が難しい場合がある。

おわりに——実証科学的心理学の理解を通して

本書では，現在の実証科学としての心理学の概要について紹介してきました。最後まで読んでいただいた読者のなかには，自分のもっていた心理学のイメージとは大きく異なる内容も結構あることに気づいた人もいたのではないでしょうか。誤ったイメージではなく，実証的な裏づけをもった科学としての心理学の現在の研究内容の理解につながったのであれば，本書を出版した目的が達成されたことになります。

また，それぞれのテーマのなかで，Column を通して，心理学をめぐるさまざまな問題にもふれてみました。心理学を知るだけではなく，心理学を通して科学と社会の関係について新しい視点から問題に気づき，それについて自分なりに考える習慣を身につけることへのきっかけになれば，筆者としてうれしく思います。

本書の内容は，私が千葉大学で 20 年以上担当していた心理学の普遍教育科目（一般教養科目）の講義での内容をもとにしています。私自身は，周到に準備されたものを正確に講義するというより，その時どきの学生の反応次第で，ある程度臨機応変に話を展開するほうが好きなので（これは音楽でいえば，録り直しができる完璧なスタジオ録音よりも，ちょっと傷があってもライブのほうが好きということと同じ），授業でも，毎回重要なキーワードだけ用意しておき，あとはその場の即興で講義をしていたのですが（これは事前にきちんと準備するのを怠けていたともいえます），COVID–19 感染拡大の影響で，2020 年度の講義授業はオンライン形式となってしまいました。それでも，当初はオンラインでライブ講義をやろうかとも考えていたのですが，受講者の反応がわからないとやりにくいことに気づきました。そこで，毎週分の講義内容をオンライン用の資料としてきち

んとつくることにしたのですが，この講義は，学生に比較的評判が
よかったということで（受講者数800超は，国立大学の授業としてはま
れ），今回，それを整理したものを出版することにしました。なお
ライブ講義での余談の一部は，Column として収録しています（大
半は，紙幅の関係でWeb上の本書ウェブサポートページ http://www.
yuhikaku.co.jp/books/detail/9784641174795 で提供します）。そのような
わけで，本書ができあがったきっかけの1つにはCOVID–19の流
行というありがたくない問題もありましたが，基本的には，20年
以上にわたり毎年千葉大学の学生のみなさんが熱心に講義を受講し
てくれたおかげです。いつも受講者数が多く座席にも余裕がない状
況で（座席数500超の教室にもかかわらず，毎回立って受講する学生もい
ました），出席点もなく（当然ですが），成績評価も厳しい（普遍教育
科目で成績の平均が最も低く，単位認定率も最低）という三重苦科目で
ありながら，よくぞ毎年多くの学生が真面目に受講してくれたと思
います（単位がなかなか取れなかったためか（？）3年間連続で受講して
くれた学生もいましたよね）。

　最後に，この講義資料をもとに本の形にしていくうえでは，資料
の内容に興味をもってくださり，さまざまな点でアドバイスや修正
などを懇切ていねいにしてくださった有斐閣書籍編集第2部の中村
さやかさんの存在が不可欠でした。もとの材料が講義資料というこ
ともあり，重要な点についてどうしてもくどくなりがちな傾向があ
るところや，主観的な見解に傾く部分などを，編集者としての経験
による的確なアドバイスや意見などによって修正していただき，本
として読みやすい形にできたのではないかと思います。

　2022 年 11 月

　　　　　　　　　　　　　　　　　　　　　　　　　若林　明雄

引用文献

Auyeung, B., Baron-Cohen, S., Chapman, E., Knickmeyer, R., Taylor, K., & Hackett, G. (2006). Foetal testosterone and the child systemizing quotient. *European Journal of Endocrinology*, 155, 123–130.

Auyeung, B., Knickmeyer, R., Ashwin, E., Taylor, K., Hackett, G., & Baron-Cohen, S. (2012). Effects of fetal testosterone on visuospatial ability. *Archives of Sexual Behavior*, 41, 571–581.

Baddeley, A. D. (2000). The episodic buffer: a new component of working memory? *Trends in Cognitive Sciences,* 4, 417–423.

Baddeley, A. D., & Andrade, J. H. (2000). Working memory and the vividness of imagery. *Journal of Experimental Psychology: General,* 129, 126–145.

Baddeley, A. D., & Hitch, G. (1974). Working memory. In G. A. Bower (Ed.), *The psychology of learning and motivation.* Vol. 8. Academic Press.

Baddeley, A. D., Thomson, N., & Buchanan, M. (1975). Word length and the structure of short-term memory. *Journal of Verbal Learning and Verbal Behavior*, 14, 575–589.

Baron-Cohen, S. (2009). The empathising-systemising theory of autism: Implications for education. *Tizard Learning Disability Review*, 14, 4–13.

Baron-Cohen, S., Leslie, A. M., & Frith, U. (1985). Does the autistic child have a "theory of mind"? *Cognition*, 21, 37–46.

Baron-Cohen, S., Wheelwright, S., Hill, J., Raste, Y., & Plumb, I. (2001). The "Reading the Mind in the Eyes" test revised version: A study with normal adults, and adults with Asperger syndrome or high-functioning autism. *Journal of Child Psychology and Psychiatry,* 42, 241–251.

Baron-Cohen, S., Lutchmaya, S., & Knickmeyer, R. (2004). *Prenatal testosterone in mind: Amniotic fluid studies.* Bradford Books.

Brady, J. V. (1958). Ulcers in executive monkeys. *Scientific American,* 199, 95–98.

Bringoux, L., Di Cesare, C. S., Borel, L., Macaluso, T., & Sarlegna, F. R. (2016). Do visual and vestibular inputs compensate for somatosensory loss in the perception of spatial orientation?: Insights from a deafferented patient. *Frontiers in Human Neuroscience.*

Chapman, E., Baron-Cohen, S., Auyeung, B., Knickmeyer, R., Taylor, K., & Hackett, G. (2006). Fetal testosterone and empathy: Evidence from the Empathy Quotient (EQ) and the "Reading the Mind in the Eyes" test. *Social Neuroscience,* 1, 135–148.

Costa, P. T. Jr., & McCrae, R. R. (1995). Domains and facets: Hierarchical personality assessment using the revised NEO Personality Inventory. *Journal of Personality Assessment,* 64, 21–50.

Davis, M. H. (1994). *Empathy: A social psychological approach.* Westview Press.

Fiori, F., David, N., & Aglioti, S. M. (2014). Processing of proprioceptive and vestibular body signals and self-transcendence in Ashtanga yoga practitioners. *Frontiers in Human Neuroscience.*

Godden, D. R., & Baddeley, A. D. (1975). Context-dependent memory in two natural environments: On land and underwater. *British Journal of Psychology,* 66, 325–331.

Goldberg, L. R. (1990). An alternative "description of personality": The big-five factor structure. *Journal of Personality and Social Psychology,* 59, 1216–1229.

Gould, S. J. (1981). *The mismeasure of man.* Norton.

Kretschmer, E. (1922). *Medizinische Psychologie.* Thieme.

Kretschmer, E., & Enke, W. (1936). *Die Persönlichkeit der Athletiker.* Thieme.

Lai, M.-C., Lombardo, M. V., Chakrabarti, B., Ecker, C., Sadek, S. A., Wheelwright, S. J., Murphy, D. G. M., Suckling, J., Bullmore, E. T., MRC AIMS Consortium, & Baron-Cohen, S. (2012). Individual differences in brain structure underpin empathizing-systemizing cognitive styles in male adults. *Neuroimage,* 61, 1347–1354.

Loftus, E., & Ketcham, K. (1994). *The myth of repressed memory: False memories and allegations of sexual abuse.* St. Martin's Griffin.

Lutchmaya, S., Baron-Cohen, S., & Raggatt, P. (2001). Foetal testosterone and vocabulary size in 18- and 24-month-old infants. *Infant Behavior & Development,* 24, 418–424.

Lutchmaya, S., Baron-Cohen, S., & Raggatt, P. (2002). Foetal testosterone and eye contact in 12-month-old human infants. *Infant Behavior & Development,* 25, 327–335.

Minkowska, F. (1923). Rechrches généalogiques et problems touchant aux caractéres: En particulier à celui de l'epileptoidie. *Annuales Medico Psychologiques,* 81, 149–167.

Pervin, L. A., & John, O. P. (1997). *Personality: Theory and research.* (7th ed.). John Wiley & Sons.

Pinker, S. (2002). *The blank slate: The modern denial of human nature.* Viking Penguin.

Plomin, R. (1990). *Nature and nurture: An introduction to human behavioral genetics.* Brooks/Cole.

Sassa, Y., Taki, Y., Takeuchi, H., Hashizume, H., Asano, M., Asano, K., Wakabayashi, A., & Kawashima, R. (2012). The correlation between brain gray matter volume and empathizing and systemizing quotients in healthy children. *NeuroImage,* 60, 2035–2041.

索　引

【事項索引】

【人名索引】

著者紹介　　**若林 明雄**（わかばやし あきお）
千葉大学名誉教授
主著:『パーソナリティとは何か——その概念と理論』培風館,
2009 年。
経歴:1999-2004 年千葉大学文学部・大学院自然科学研究科
助教授, 2005-21 年千葉大学大学院融合科学研究科・人文
科学研究院教授。
2004-05 年, 2009-10 年ケンブリッジ大学（イギリス連合
王国）発達精神医学部客員教授など。

教養としての心理学講座

Psychology as an Evidence-Based Science

2022 年 12 月 25 日 初版第 1 刷発行

著　者　　若林 明雄
発行者　　江草貞治
発行所　　株式会社有斐閣
　　　　　〒101-0051 東京都千代田区神田神保町 2-17
　　　　　http://www.yuhikaku.co.jp/
装　丁　　Siun
印　刷　　萩原印刷株式会社
製　本　　牧製本印刷株式会社
装丁印刷　株式会社亨有堂印刷所

落丁・乱丁本はお取替えいたします。定価はカバーに表示してあります。
©2022, Akio WAKABAYASHI.
Printed in Japan ISBN 978-4-641-17479-5